ullstein

JOHANNES SCHRÖDER ist studierter Deutschlehrer und Comedian. Was sich wie ein Widerspruch anhört, steht letztlich in einem direkten, kausalen Zusammenhang. Nach zwölf Jahren Schuldienst tourte „Herr Schröder" mit seinem ersten Soloprogramm „World of Lehrkraft" durch Deutschland, Österreich und die Schweiz, war in diversen TV-Formaten zu Gast (Markus Lanz, NDR Talkshow u.v.m.) und feierte seine erste Solo-Ausstrahlung bei RTL. 2019 veröffentlichte der Comedian sein erstes Buch *World of Lehrkraft – Ein Pädagoge packt aus*, welches ein SPIEGEL-Bestseller wurde. Seit Sommer 2021 ist Herr Schröder mit seinem zweiten Comedy-Programm „Instagrammatik" unterwegs. Hier dreht sich alles um die Frage, was Schule im digitalen Zeitalter braucht, was Lernen im Kern ausmacht und wer am Ende alles nachsitzen muss.

SIMON SLOMMA ist Musiker, Comedian und Autor. Der Wahl-Bonner ist, seit er 2013 die Schauspielschule erfolgreich abschloss, auf den Kleinkunstbühnen dieses Landes unterwegs. Dort begegnete er 2015 auch Herrn Schröder. Der Rest ist Geschichte bzw. Deutsch. Außerdem veröffentlicht er regelmäßig Musikalben aus seinem Home-Studio (2020 Bohemian Rap CD, 2021 Subkultur).

Herr Schröder

mit Simon Slomma

INSTA
GRAMMATIK

Das streamende Klassenzimmer

Ullstein

Besuchen Sie uns im Internet:
www.ullstein.de

Wir verpflichten uns zu Nachhaltigkeit

- Klimaneutrales Produkt
- Papiere aus nachhaltiger Waldwirtschaft und anderen kontrollierten Quellen
- ullstein.de/nachhaltigkeit

MIX
Papier
FSC FSC® C083411

Originalausgabe im Ullstein Taschenbuch
1. Auflage August 2021
Umschlaggestaltung: zero-media.net, München
Titelabbildung: © Robert Maschke
Satz: Pinkuin Satz und Datentechnik, Berlin
Gesetzt aus der Dolly
Druck und Bindearbeiten: CPI books GmbH, Leck
ISBN 978-3-548-06497-0

Inhalt

Prolog

Wischen Sie nach rechts!

Guten Morgen! Für alle, die mich noch nicht kennen: Ich bin der Herr Schröder. Mega-Pauker für Deutsch und Englisch an der HFG (Helene-Fischer-Gesamtschule), exmatrikulierter Student des Lebens und quasi Vize-Lehrer des Jahres. Sie dürfen sich wieder hinsetzen, danke.

Nach dem lauten Gong letztes Jahr haben hoffentlich alle die „große Pause" einigermaßen unbeschadet überstanden. Keine Sorge, ich möchte jetzt nicht über Gebühr auf die Krise eingehen, nur so viel: Das Leben hat uns einen unangekündigten Test vor die Nase gelegt, und wir kamen alle mächtig ins Schwitzen. Schließlich hatten wir niemanden zum Abschreiben. Stifte raus, alles weg vom Tisch und 1,50 Meter Abstand zum Sitznachbarn. Keinen Lektüreschlüssel, keine Spickzettel. Manche fingen sofort an, einfach drauflos zu schreiben. Andere sitzen jetzt noch vor dem weißen Blatt und kauen auf ihren Stiften herum. Plötzlich waren Themen prüfungsrelevant, die vorher nicht mal ein Tafelbild wert gewesen wären.

Zugegeben: Dieser Test wurde gründlich in den Sand

gesetzt, und wir sind alle immer noch stark versetzungs-
gefährdet. Ein „Mangelhaft" in den entscheidenden Zukunftskompetenzen. Dazu muss man wissen, dass vor
allem wir Lehrerinnen und Lehrer seit jeher, was die Be-
reitschaft zur Veränderung angeht, eine gewisse Herden-
immunität aufweisen.

Und als ob das alles noch nicht schlimm genug wäre,
haben wir jetzt auch noch eine neue Schulleiterin an der
HFG. Frau Anne Windkamp. 38 Jahre jung. Single und
humorbefreit. Wobei niemand weiß, was zuerst kam. Die
Einladung zur Eröffnungskonferenz fand ich in meinem
Spam-Ordner. Gruselig, wie gut Google-Mail mich mittlerweile kennt.

Anne.Windkamp@hfg.de
an
mail@korrekturensohn.de
und
Kollegium HFG
Betreff: **Kick-off-Meeting**

Hallo in die Runde,
ich bin die Neue hier. Und ich möchte euch am
Beginn dieses Schuljahres alle herzlichst einladen
zu einem kleinen Kick-off-Meeting im Lehrerzimmer. Keine Sorge, es gibt Blechkuchen. Außerdem viele neue Impulse zum Thema Digitalisier...

Weiter habe ich nicht gelesen.

Ich höre schon die Lobeshymnen des Kultus-Mysteriums. Endlich weht hier mal ein anderer Wind! Endlich frisches Tafelwasser. Das Ende der Kreidezeit. G8 trifft auf 5G!

Trotz allem: Das neue Schuljahr kann kommen. Wir haben uns ja alle mittlerweile an den Hybridunterricht gewöhnt, aber nichts geht über den analogen Kontakt. Frontalunterricht muss live stattfinden. Menschen sollten mehr sein als zweidimensionale Avatare. Und nebenbei bleibt der Stoff besser hängen, wenn er von Speichelauswurf begleitet wird. Ein Privathaushalt kann einfach gar nicht die passende Atmosphäre bieten, die man zum Lernen benötigt. Es braucht dieses pädagogische Grundrauschen: die mit allen Sinnen erfahrbare Direktheit schulischen Lernens. Das Knarzen der Vorkriegsmöbel im Klassenzimmer. Das schrille Geräusch, wenn ein ausgelatschter Turnschuh über PVC-Belag rutscht. Der Geruch von 30 warm gelaufenen Fußpaaren in der viel zu kleinen Umkleidekabine. Im Lehrerzimmer surrt das Laminiergerät, und der neue Kaffeevollautomat meldet „System Error". Meine HFG.

Und nun wischen Sie nach rechts für eine Doppelstunde „Instagrammatik": das pädagogische Regelwerk für die Welt von morgen, der Spickzettel für digitale Stressmomente, ein vitaminreicher Multimedial-Saft für User, deren Avatare Cordjackett tragen.

Also Handy aufs Display, Kopf in den Flugmodus und bitte alle Cookies akzeptieren. Aber krümeln Sie mir nicht das ganze Buch voll.

Kapitel 1

Frischer Wind

Es ist der Freitag vor Schulöffnung. Ich schlendere über den halb leeren Lehrerparkplatz in Richtung Haupteingang. Alles wie immer – und doch anders. HFG – Staatliche Gesamtschule. Nur der Schriftzug „Rauchfreie Schule" wurde mit einem kunstvollen Graffito in „Bauchfreie Schule" verwandelt. Vor dem Eingang liegen vier E-Roller und ein Leihfahrrad. Zwei Eichhörnchen jagen sich um die Tischtennisplatten. Das Schulgelände konnte über die letzten sechs Wochen ein wenig verschnaufen. Anfang August wurden am Schulteich zum ersten Mal seit 40 Jahren wieder Fischreiher gesichtet. Die Natur hat sich erholt. Wie wundervoll Schule sein könnte, so ohne Schülerinnen und Schüler. Still und leise steht der Betonwürfel im suburbanen Speckgürtel. In der Raucherecke liegt ein vergessener Turnbeutel, und ich kann mich sofort mit ihm identifizieren.

Aus den geöffneten Fenstern des Lehrerzimmers im ersten Stock höre ich die Freude des Wiedersehens. Das große Hallo nach sechs Wochen unterrichtsfreier Zeit.

82 Kolleginnen und Kollegen in ihrer Lieblingsdisziplin: Reiseanekdoten austauschen und vorsichtig den nächsten Urlaub anvisieren. Die beweglichen Ferientage strategisch so legen, dass man über ein Viadukt an Brückentagen direkt in die Adventszeit gleitet.

Mit einem leichten Gefühl der Beklemmung steige ich die Freitreppe hoch. Natürlich freut man sich, alle wiederzusehen, dennoch drängt sich im direkten Vergleich natürlich die Frage auf, ob man seine Ferien wirklich gut genug genutzt hat.

Im Lehrerzimmer angekommen, lege ich meine Tasche ab und bahne mir den Weg Richtung Postfächer. Vorbei an den Kollegen, die stolz ihre maritime Segelbräune zur Schau tragen. Dabei schnappe ich ein paar Gesprächsfetzen auf: „Einmalige Ferienwohnung, alles Terrakotta", „Wir kennen da jeden Winkel", „Türkei, aber sauber", „Diesmal nur die Eifel, wegen der Kleinen", „Geheimtipp aus dem Lonely Planet, war trotzdem sehr voll", „Nordsee – man muss es mögen", „Mallorca – Binnenland natürlich", „Kap Verde, unberührt. Die sind da mit so wenig zufrieden", „Die leben ja vom Tourismus", „Ich habe nicht *eine* Sekunde an die Schule gedacht" ...

Jeder ist bemüht, die Ferienstimmung noch etwas in den Alltag zu retten. Wer sieht relaxter aus? Wem ist das Loslassen am besten gelungen? Wer verkauft seine Stressfurchen als Lachfalten?

„Schrödi, wie waren deine Ferien?" Ein bebrillter Sonnenbrand blickt mich neugierig an. Wer war das noch gleich?

Ich antworte: „Du kennst mich ja. Warum in die Sterne

greifen, das Gute liegt ja oft nur einen Katzenwurf entfernt."

Kollege X lacht und hakt nach. „Was hast'n gemacht?"

Der unabhängig jeden Anlasses hoch motivierte Sportlehrer Theo Eisenmann – hinter vorgehaltenem Reclamheft nenne ich ihn manchmal Trillerpfeifen-Theo – mischt sich ein und haut mir mit der flachen Hand auf den Rücken. „Ist doch klar, was Schrödi gemacht hat! Schön mit dem alkoholfreien Bierbike durchs Sauerland. Oder doch mit dem Flugsimulator in die Karibik?"

„Ach, ich hab mal wieder zwei Wochen in der Bredouille verbracht."

Theo nickt. „Toll, Frankreich."

Der hat sich über die Ferien auch gar nicht verändert. Immer noch der Mensch gewordene Mattenwagen, mit einer Körperspannung wie ein Reck. Der springt abends auch mit 'nem Seemannsköpper ins Bett. Neuerdings hat er einen kleinen Magnesiumbeutel am Gürtel. Lieber nicht fragen, was es damit auf sich hat. Wahrscheinlich hat er in den Ferien den El Capitan ohne Sicherung bestiegen. Auf seinem Unterarm entdecke ich ein neues Tattoo. Eine schwarze, gezackte Linie, die aussieht wie eine Panne am Korrekturrand. Ist es eine Gebirgskette? Oder doch ein Kardiogramm? Oder gar beides?

Leider registriert er meinen Blick. Er holt tief Luft und guckt in die Ferne.

„Das Klettern ist mein Leben. Da oben hilft dir keiner. Nur du und die raue Felswand. Und wisst ihr, Berge sind wie Schüler: Sie wollen versetzt werden."

Der bebrillte Sonnenbrand nickt anerkennend. „Donnerwetter, Theo. Mach doch 'ne Kletter-AG."

„Ach, AG war gestern. Ich mach jetzt YouTube-Tutorials! Nächster Halt: Klickmillionär! Schaut mal her." Er zückt sein Smartphone und zeigt uns ein Klettervideo. Freeclimb. 251.000 Klicks. 1056 Kommentare. „Hab ich mit der GoPro gefilmt ..."

Ein günstiger Moment, um sich aus dem Gespräch zu lösen.

Klickmillionär. Albern. Routiniert greife ich in mein Fach.

„Hä, was ist das denn?"

Normalerweise befindet sich in den Postfächern ein Sammelsurium an Zettelwirtschaft. Auszufüllendes, Abzuheftendes, zur Kenntnis zu Nehmendes, zu Ignorierendes, Abzuzeichnendes, Weiterzuleitendes. Ein Panini-Sammelalbum des Schreckens.

Doch diesmal greift meine Hand ins Leere. Nicht mal eine dusselige Einladung zu irgendeiner Sommerparty hat sich in mein Fach verirrt. Alles, was ich finde, ist ein kleiner Chip, ähnlich wie die Dinger, mit denen sich vor Supermärkten Einkaufswagen freischalten lassen. Irritiert mustere ich das anonyme Artefakt. Kollege X weiß mehr: „Ja, das wurde höchste Zeit. Kann doch nicht sein, dass wir zum Mars fliegen, aber an der HFG wird noch mit so altertümlichen Schlüsseln hantiert."

„Na ja, aber ich bin Schlüsselkind. Wie funktioniert das denn?", frage ich.

„Welche Farbe hast du?"

„Blau."

„Oh."

„Was?"

„Nix, ist doch super."

„Welche Farbe hast du denn?!"

Ein Korken saust an meinem Ohr vorbei. Aus der Mitte des Raumes tönt es: „Ich wünsche allen Kolleg:innen ein fulminantes und erfolgreiches Schuljahr!"

Applaus.

Um die Korkenschützin hat sich eine Lehrertraube gebildet. Wo haben die denn alle plötzlich die Gläser her? Vielleicht hab ich ja den falschen Chip. Ich stelle mir den Kommentar des unbekannten Kollegen vor. „Nee, Schrödi, mit *Blau* gibt's nur Schnabeltassen. Sektflöten kommen ab Rot."

Biolehrerin Kuschel-Ursel (Klassenleitung 5b, Verfechterin pädagogischen Sanftgarens und gewissenhafte Pflegekraft der Korridorkakteen) drückt mir eine bedruckte Tasse in die Hand. In abgeblätterten Lettern ist zu lesen: Lehrer des Jahres. „Schrödi, das hätten wir auch nicht gedacht, dass man sich hier auf seine alten Tage noch mal so umstellen muss, oder?"

„Na ja, Ursula, kann doch nicht sein, dass wir zum Mars fliegen und hier an der HFG laufen nur Schlüsselkinder rum."

Jemand gießt Sekt in meine Tasse.

„Ja, das sagt Steffen auch immer."

Steffen! Genau. *So* heißt der Sonnenbrand! Physik und Mathe. Kollegen, die sich für diesen Lehrer interessieren, interessierten sich auch für: Liegefahrrad, Barfußschuhe, hochklappbare Sonnenbrillenaufsätze und Bimssteine.

„Ja, genau, Steffen, smarter Typ." Ich puste und nehme einen Schluck aus der Tasse. Hatte kurz vergessen, dass da Sekt drin ist und nicht Kaffee.

„Was hast du für 'n Chip, Ursi?"

„So 'n runden."

„Ja. Und die Farbe?"

„Lila."

„Ah ja."

Die Stimme in der Mitte des Raumes hebt erneut an: „So, ihr Lieben, ich hoffe, jetzt sind alle feucht-fröhlich ausgestattet. Das war natürlich nur Bestechung für das, was jetzt kommt." Gelächter. Steffen pfeift auf zwei Fingern. „Allen, die schon einen Blick in ihr Fach geworfen haben, wird aufgefallen sein, dass wir ein neues Schlüsselsystem haben."

Jetzt endlich erkenne ich die Rednerin. Frau Anne Windkamp, die neue Schulleiterin. Sie hält die Sektflasche wie den UEFA-Pokal.

„Das und vieles Weitere ist Teil der digitalen Umstellung. Alles, was wir sonst auf tote Bäume gedruckt haben, findet ihr jetzt in der Cloud."

„Wo?" Kuschel-Ursel zuppelt mir am Hemd.

„In so einer Art Datenwolke, Ursi."

„Ich kann mir vorstellen, dass das für viele Kolleg:innen natürlich jetzt eine enorme Umstellung bedeutet und mit einigen Ängsten verbunden ist. Das Wort ‚Wandel' besteht ja auch zu 80 Prozent aus Wand."

Trillerpfeifen-Theo zückt seinen Notizblock.

„Und die gilt es zu überwinden. Gemeinsam." Die neue Schulleiterin macht eine ausschweifende Handbewegung, als würde sie ein Spannbettlaken glatt streichen. „Und wenn wir jetzt alle mit vereinten Kräften …" Sie blickt in die Runde, und ich meine erkennen zu können, dass sie sich in diesem Moment dazu entschließt, noch eine rhetorische Schippe draufzulegen:

„Leute. Warten wir nicht auf die Politik. *Wir* wissen doch am besten, wie hier die Uhren ticken. Es muss sich einiges ändern, damit die HFG anschlussfähig bleibt. Aber auf die Gefahr, dass das alles zu technisch klingt: Außerschulische Veranstaltungen sind mir im letzten Jahr deutlich zu kurz gekommen! Wir brauchen ein vitales Sozialcurriculum: Förderung der Soft Skills auch außerhalb des Unterrichts."

Ich rufe rein: „Aber wie sollen wir denn so mit dem Lernstoff durchkommen?"

Sie schaut mich an. „Vielen Dank, Herr … äh …"

„Schröder", sage ich und halte ihrem Blick stand.

Sie wendet sich wieder der Runde zu. „Vielen Dank für dieses Beispiel, Herr Schröder!" Ich lächele bescheiden. „Denn genau *diese* Begrifflichkeiten möchte ich an der HFG gerne ersetzt wissen." Sie zählt die Wörter mit den Fingern ab: „Lernstoff, Stundenplan, Notenspiegel, Brückentag", sie blickt mir direkt in die Augen, „Cholerikum."

Einige kichern.

„Im Ernst." Sie kreuzt ihre geballten Fäuste vor der Brust. So langsam hab ich das Gefühl, einer Performance beim Eurovision Song Contest beizuwohnen. Fehlt nur noch die Pyrotechnik.

„Wenn wir die faszinierende Welt des Lernens als ‚Stoff' bezeichnen und in die engen Raster eines ‚Stundenplans' zwängen, um sie dann den Schüler:innen im ‚Frontalunterricht' um die Ohren zu hauen – wie soll sich da jemals was ändern? Sprache schafft Realität."

Man hört nichts, außer dem leisen Aufsteigen der Kohlensäurebläschen aus den Sektflöten. Ich nehme einen Schluck aus meiner Tasse.

„Wir brauchen eine neue Art zu denken respektive zu sprechen. Aus *Unterricht* wird ‚Lernangebot', und der *Stundenplan* ist ab sofort nur noch ein ‚Serviervorschlag'."

Sie macht eine Pause, niemand reagiert. „Das war ein Scherz." Alle lachen. Sie hebt ihre Hände beschwichtigend und ruft uns zur Räson. „Ja, und aus dem Lehrerzimmer wird ab sofort die ‚Begegnungslounge', und es gibt keine Türen mehr."

Großes Gelächter erfüllt den Raum. Trillerpfeifen-Theo ruft: „Genau, Tag der offenen Tür, aber jeden Tag!"

Frau Windkamp guckt entschlossen und sagt: „Nein, *das* ist mein Ernst."

Der Raum verstummt. In diesem Moment realisieren wir, dass tatsächlich alle Türen zum Lehrerzimmer entfernt worden sind.

Ein Raunen geht durch den Raum.

Sie faltet ihre Hände vor der Brust und senkt ihre Stimme.

„Ich weiß, dass ihr Angst habt, aber Herzrasen kann

man nicht mähen, und jeder Weg beginnt mit dem ersten Schritt."

Sie scheint mit dieser Metapher noch nicht ganz zufrieden zu sein und setzt nach:

„Natürlich ist ein Schiff im Hafen sicher, aber dafür wurde es nicht gebaut. Und wer im digitalen Zeitalter immer noch mit seinem alten Segelboot unterwegs ist, der wird auf der rauen See im Datenstrom nicht überstehen können."

Mit dieser Metapher ist sie zufrieden.

„Also frage ich euch, liebe Kolleg:innen der HFG: Seid ihr an Bord?" Sie streckt ihre Faust in die Luft.

Das scheint der Höhepunkt ihrer Performance zu sein. Sie hält diese Geste eine gefühlte Ewigkeit, fixiert einen Punkt am Horizont, der für uns alle noch unsichtbar ist, und einen Moment lang meine ich sogar, Tränen in ihren Augen erkennen zu können.

Während ein erst zögerlicher und dann immer stärker werdender Applaus losbricht, höre ich in meinem Kopf eine Stimme, die sagt:

„Germany – zero Points."

Kapitel 2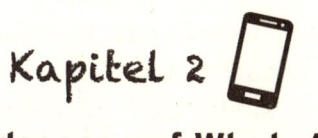

Währenddessen auf WhatsApp

> **Anastasia:** Leude. WhatsApp soll zwar nicht mehr so sicher sein, aber ich denke, das passt schon. In einer Woche geht's wieder los. Yay. Wisst ihr schon was? Kurse und so, wer mit wem und überhaupt. Was ist mit Onlineunterricht? Wisst ihr, wen wir in Deutsch haben?

Justin hat die Gruppe verlassen.

> **Murat:** Ich weiß auf jeden Fall, wen ich nich will

Anastasia hat Justin hinzugefügt.

Jan: Hi Leute, ich bin zwar neu und so, aber ich könnte mal versuchen ins Schulnetzwerk zu gehen, um mal zu gucken, ob ich was rauskrieg. Es gibt ja einmal diesen Schülerbereich, wo wir alle rein können und dann gibts noch den Lehrerbereich, der ist Passwort geschützt.

Justin: Ok und wie willst du da rein?

Jan: Naja, ich könnte mich quasi reinhacken.

Murat: Geil! Jani-Leaks.

Jan schreibt:

Jan: Was ich schon weiß: Es gibt eine neue Schulleiterin. Anne Windkamp. 38 Jahre. Lange studiert. Habs aus Wikipedia. Schon krass, dass die da drin steht. Hat auch schon im Silicon Valley gearbeitet. Es gibt sogar ein Foto von ihr mit Elon Musk auf irgendeiner Digital Convention in China.

Murat: Krass

Jan: Außerdem bekommt jeder einzelne von uns einen eigenen Schullaptop. Und die sind gar nicht mal so übel.

Justin: Alter wie geil ist das bitte

Jan: Naja, Mathe haben wir jetzt beim Leffringhausen.

Anastasia: Ok, gibt Schlimmeres.

Justin: Scheiß auf Leffringhausi, ich bin jetzt auf der TikTok-Academy. Hab Mathe endlich mal verstanden.

Murat: Dreisatz in zwei Sätzen oder was?

Anastasia: :'D

Justin: @Murat deimudder

Jan: Diese online Geschichten sind wirklich groß gerade. Die machen so ein Schweinegeld teilweise, ich guck mir das nur mit adblocker an.

Anastasia: Freut mich voll für dich Justin. Aber ich glaub für mich wär das nix. Immer so ganz allein aufm Zimmer und nur so aufn Bildschirm starren, ich weiß nich. Mag ja auch den Geruch von Büchern.

Justin: ich brauch nur Monster Energy und ne stabile Verbindung

Jan: Leude

Anastasia: Was?! Hast du schon was?

Jan: Bin jetzt drin. Wir sind auf jeden Fall in einem Kurs. Mathe und Deutsch.

Anastasia: Geil

Jan: Deutsch beim Schröder

Murat: Die Euphorie hat die Gruppe verlassen

Jan: Der Rest ... hm ... also besonders gut verschlüsselt ist das nicht ... aber ich raff das trotzdem noch nich ... hier sind so Farben mit Nummern.

Justin: Häh

Anastasia: 🙁

Jan: weiß (1), blau (3), lila (5), rot (7), grün (9), golden (11)

Murat: was soll das?

Anastasia: VII. Goethes Farbenlehre.

Justin: Quatsch die wollen uns in Kasten einordnen, hab da grad so ne Doku gesehen. Die Pyramiden wurden auch von vooll vielen Sklaven gebaut

Jan: Nee ich glaub die Schüler haben damit nix zu tun. Aber diese Cloud ist echt krass. Jeden Mausklick, den wir dort machen kann man nachverfolgen. Da gibts echt keine Ausreden mehr, von wegen Hausaufgaben vergessen oder so :D

Anastasia: Haben wir auch nen paar Neue im Kurs?

Jan: Einen Neuzugang ...

Murat: Wer?

Jan: Eine gewisse Zoey Bremer

Justin: Kenn ich

Anastasia: @Justin Das kam schnell <3

Murat: That's what she said.

Justin: Wohnt bei mir in der Ecke, is cool, redet bisschen viel, Eltern habn krass kohle

Murat: Geil Poolparty

Justin: Pool party ... weiß nich. Glaub die Eltern haben Stress. Die war selber jetzt ein jahr weg. Amerika oder so.

Anastasia: Boa wie cool. Also mit Amerika. Guck mir die mal an grad

Jan: 8500 Follower :O

Murat: Instagram? was macht die denn?

Jan: Irgendwas mit personality und lifestyle

Justin: Voll viel Fotos und reels, heute wieder 30 Story Slides. Folgt selber kaum wen

Jan: Sieht auch viel nach bezahlter Partnerschaft aus

Justin: WAS MEINST DU DAMIT

Jan: WErbedeals und so

Justin: Ach so

Anastasia: ich freu mich auf jeden Fall euch wiederzusehen <3

Justin: dfhjhjhudfu 8usd8u8u0wu0 äwjjdsfjijsdjf 81898910jewjjjjjj ....----β´

Murat: höh

Justin: Sry mein Neffe hatte das handy

Kapitel 3

Online-Unterricht: K nnt ih mich hö en?

Seit 2020 gehört er zum Schulalltag wie der Strohhalm zum Trinkpäckchen: der Hybridunterricht. Was klingt wie ein Schulexperiment im Windkanal, ist in Wahrheit einfach nur eine zähe Deutschstunde im Internet. Bevor nächste Woche die Schule wieder normal beginnt, beschnuppern wir uns alle schon mal im Videocall: pädagogische Fernwärme. Mal sehen, wie gut alle mit der neuen Lernsoftware zurechtkommen. Aus meinem Arbeitszimmer schalte ich mich mit den Kursteilnehmerinnen und -teilnehmern zusammen, und nachdem dann alle technischen Unwägbarkeiten geklärt sind, hat man's meistens auch schon wieder hinter sich.

„Hallo? K nntt i r mi h hö nnnnnnn?"

15 mäßig motivierte Quadrate blicken mich uninspiriert an. Ein paar heben den Daumen.

„Murat, mach bitte die Shisha aus, man sieht dich kaum." Er bläst eine große Dampfwolke aus. „Ja, schön, euch wiederzusehen, Justin, was machst du in Los Angeles?"

„Urlaub, Herr Schröder."

„Herr Schröder, man kann hier einfach die Hintergründe ändern. Außerdem ist die Golden Gate Bridge in San Francisco."

„Danke, Anastasia. Bei euren müden Gesichtern würde ich mir wünschen, man könnte den Vordergrund austauschen. Geht das auch?"

„Mega funny, Herr Schröder", sagt Justin gelangweilt.

Ich räuspere mich. „Schön zu sehen, dass ihr mit den neuen Laptops, die die Schule euch gesponsert hat, zurechtkommt. Das Schicksal hat uns jetzt nun mal in diese Zweckgemeinschaft zusammengewürfelt, und viele von euch kenne ich ja schon sehr lange. Ich hoffe, alle anderen sind auch nicht zu unglücklich darüber, dass sie jetzt mit mir vorliebnehmen müssen."

Ich lasse eine Pause für eventuelle Reaktionen.

„Hallo? Könnt ihr mich hören?"

Anastasia meldet sich: „Herr Schröder, Sie waren kurz eingefroren, was haben Sie gesagt?"

„Ja, das ist natürlich eine anspruchsvolle Situation. Ich sag's euch, wie's ist. Bis vor Kurzem hatte ich noch keine Webcam."

„Ist nicht wahr?!", sagt Murat und zieht an seiner Shisha.

„Ja, sehr witzig, Murat, gab halt keinen Grund bisher. Aber apropos Grund, wir sind ja jetzt ein neuer Grundkurs ... zwei Jahre bis zum Abitur. Und wie ihr seht, haben wir auch ein paar neue Gesichter dabei." Ich zeige irgendwohin. „Da unten links, das ist der Jan, Jan, kannst du vielleicht mal kurz aufstehen?"

Jan bleibt sitzen und winkt vorsichtig in die Kamera. „Also, äh, ich bin der Jan."

Justin lacht. „Brudi, warum willst du nicht aufstehen, hast du keine Hose an?" 14 Quadrate kichern.

„Justin, bitte. Du bist zwar zu Hause, aber das hier ist immer noch eine Schulveranstaltung."

„Ja, sollte man da nicht eine Hose anziehen?", fragt Justin immer noch sichtlich belustigt.

„Ich *habe* eine Hose an!", ruft Jan.

„Schluss jetzt mit dem Hosenthema. Es gibt weitere Neulinge." Ich möchte Zoey gerade vorstellen, doch da fällt sie mir ins Wort.

„Hi party people, ich stell mich einfach selber mal vor. Ich bin, nee, ich bin nicht, ich heiße, lol, ich heiße Zoey. It's like, you know, ich war grad 'n Jahr unten. Und es ist echt 'ne Umstellung, jetzt wieder Deutsch zu sprekken. You know? Folgt mir auf TikTok!" Sie macht ein Peace-Zeichen, lacht routiniert in die Kamera und tanzt aus dem Bild und wieder zurück und macht etwas, das Justin mit „cool, shuffle dance" kommentiert.

„Herr Schröder, sind Sie wieder eingefroren?"

„Nee, Anastasia … bin da. Ist natürlich schwierig, dass unsere erste Kontaktaufnahme jetzt kontaktlos vonstattengeht. Gott, euch muss das Rumtollen ja fehlen und alles, so Unterricht ohne Spuckrohr und Tafelschwamm, was soll das sein? So verrückt: Es ist das erste Schuljahr mit digitalem Klassenbuch. Ohne haptische Offline-Version! Nix mehr zum Blättern, Knicken und Wütend-auf-das-Pult-Knallen. Wisst ihr, wie viele Ausdrucksmöglichkeiten mir da verloren gehen? Das Klassenbuch war immer der Spiegel des Klassenklimas. Mensch, Leute, wisst ihr noch, die Zeit in der 10a? Klar, das ist jetzt doof für die Neuen, aber wirklich, unser Klassenbuch sah nach wenigen Wochen schon aus wie das Telefonbuch einer öffentlichen Telefonzelle in Köln-Chorweiler. Das Klassenbuch war wie das Gästebuch der Schule. So viele verschiedene Handschriften. Wir haben da alle zusammen an einem Kunstwerk gearbeitet. Hier was dazugeschrieben, da etwas entfernt, subliminale Nachrichten an Kollegen versendet. Was haben wir da alle auf Wirkung geschrieben! Gerne mal eine Doppelstunde ausschließlich über den ‚Bachelor' geredet, und was schreibe ich am Ende ins Klassenbuch? ‚Didaktischer Einstieg in die Hermeneutik der Exegese. Justin fehlt unentschuldigt.'"

Plötzlich sagt Anastasia: „Herr Schröder, Sie waren grad voll lang eingefroren."

Justin lacht. „Ötzi – wieder aufgetaut."

Ich seufze. „Ich finde einfach, dass digital total viel verloren geht. Für mich seid ihr mehr als austauschbare Avatare in irgendeiner Datenwolke." Ich klatsche in die Hände. „So, könnt ihr bitte alle mal aufstehen?" Die Quadrate runzeln die Stirn. „Jetzt legen alle bitte mal die Hand auf die Schulter des Nachbarn und sagen: ‚Schön, dass du da bist.'"

„Wie soll das denn gehen?", fragt Anastasia.

Ich rufe: „Na, moralisch, nicht in echt, nur so gedacht halt, als gemeinsame Imagination. Wir sind der Grundkurs Deutsch, und wir sind aus Fleisch und Blut."

Anastasia stöhnt: „Ja, fertig."

„Nein, alle gleichzeitig!", beharre ich.

Jan schaltet sich ein. „Das geht nicht, Herr Schröder, wegen der Latenz. Wir haben ja alle eine unterschiedliche Bitrate und ..."

Ich schreie: „Das ist mir scheißegal, was du für 'ne Bitrate hast, das ist eine Achtsamkeitsübung!"

Aus meinen Lautsprechern dringt ein verzerrtes, asynchrones „Schön, dass du da bist".

„Super, Leute. Auf ein heiteres Schuljahr."

Kapitel 4

In der Mensa

Schon traurig. Königsberg. Die einst so historisch bedeutsame Hauptstadt des Königreichs Preußen – und alles, was heute davon übrig ist, ist ein zur albernen Alliteration verkommenes Hackbällchengericht in Kapernsoße, denke ich, als mir die lauwarme Boulette auf den Teller purzelt. „Geben Sie mir doch noch 'n Klacks KaPü extra." Der Mann hinter dem Spuckschutz runzelt die Stirn. „Das ist genau portioniert. Jeder eine Kelle. Da gibt's auch für die Obrigkeit keine Extrawurst. Die Schüler haben auch Hunger."

Ich salutiere und schiebe mein Tablett südostwärts in den Dessertbereich. Zu Zeynep habe ich einen guten Draht.

„Oh, Crème brûlée! Sag mal, Zeynep, bei deinem Temperament brauchst du doch zum Flambieren bestimmt keinen Bunsenbrenner, oder?" Ich zwinkere ihr zu.

Zeynep sagt: „Schrödi, das ist Pudding."

Mein Tablett wird von Kuschel-Ursel weitergeschoben. „Du, Schrödi, ich begreif das einfach nicht mit diesem Chipsystem. Ich kam eben zwanzig Minuten nicht in meine Klasse rein. Und wie bezahlt man denn jetzt hier?"

Ich lächle Kuschel-Ursel an. „Lass mich mal machen."
Wir schieben unsere Tabletts zur Kasse.

„Das macht dann 17,50 Euro."

Ich lache: „Ah ja, einmal den Rundfunkbeitrag", und hole mein Portemonnaie raus.

Kuschel-Ursel knufft mir in die Seite. „Schrödi, du kannst hier nicht mehr mit Bargeld zahlen, das ist es ja! Das läuft jetzt alles über diese komischen Chips."

Plötzlich kommt Trillerpfeifen-Theo angerollt. „Jo, Leute, ich mach das schon."

Ich mustere ihn kritisch. „Sag mal, du hast doch ganz normale Schuhe an. Wieso bist du denn gerade *gerollt*?"

Er zeigt mir seine Sneaker von unten. „Das sind Heelys. Sneaker mit Rollen dran. Da ist man superfix mit. Haben mir meine Schüler geschenkt." Er hält einen goldenen Chip an den Scanner. Ein kurzes Piepen ertönt. Zeynep lächelt ihn an. „Super, Theo, ist Freitag wieder Lehrersport?"

Theo dreht eine Pirouette (mit Tablett) und schnipst Zeynep entgegen. „Na klaro. Mal gucken, wie sich die Neuen machen. Schrödi, was ist eigentlich mit dir?" Er zeigt auf den Pudding auf meinem Tablett. „Hast auch 'n kleines Homeoffice-Bäuchlein bekommen."

Ich räuspere mich verlegen.

„Mal kurz was anderes, Theo. Wie hast du denn das mit dem Chip gemacht, und warum ist deiner golden?"

„Nee, jetzt lenk mal nicht ab, Schrödi ... Freitag?"

„Ich überleg's mir. Wer ist denn da noch so ...?"

„Na ja, die üblichen Verdächtigen halt, plus die Neuen und natürlich Anne."

„Wer?"

„Frau Windkamp."

Kuschel-Ursel schaltet sich ein.

„Ihr duzt euch?"

Theo antwortet: „Wir kennen uns vom Spikeball."

Mit einem Mal öffnet sich die Schiebetür, und die Unterstufe flutet die Cafeteria. Kuschel-Ursel, Trillerpfeifen-Theo und ich retten uns an den Lehrertisch im Westflügel der Mensa. Die Schülerinnen und Schüler schleudern ihre Rucksäcke in die Ecke. 50 Taschen rutschen über den Fußboden. Eisstockschießen für Fortgeschrittene. Nachdem jede Klasse ihr Territorium erobert hat, reihen sich alle an der Essensausgabe ein. Die Schiebetür öffnet sich erneut.

„Guckt mal, wer da kommt." Ich winke Steffen zu.

Trillerpfeifen-Theo lacht. „Ja, wer zu spät kommt, den bestraft die Mensa." Steffen bahnt sich seinen Weg durch die umherspringenden Schülerinnen und Schüler.

„Ich glaube, der braucht gar nichts von Zeynep, der hat sein eigenes Essen dabei", sage ich und deute auf das Carepaket in seiner Hand.

Kuschel-Ursel sagt: „Ich habe ja in den Ferien auch mal Intervallfasten ausprobiert."

„Tschuldi, dass ich zu spät bin, war noch bei der Schulleitung", sagt Steffen, rückt sich einen Stuhl zurecht, setzt sich und holt einen Apfel aus seiner Tupperdose.

„Sehr gut, Stefan …", sage ich.

„Steffen!", unterbricht er mich.

„Äh, sorry, Steffen, so 'ne Brotdose lob ich mir. Da

brauchst du wenigstens keinen bescheuerten Chip, um an deinen wohlverdienten Mittagssnack zu kommen. Ein klarer analoger Zusammenhang zwischen Aktion und Reaktion. Klappe zu, Klammeraffe tot. Kein Touchscreen, keine Menüleiste, kein Fingerprint."

Ich suche einen passenden Empfänger für meinen Scherz. Aber nirgendwo sehe ich blaue Haken in den Gesichtern. Dann wende ich mich wieder Steffen zu.

„Aber was wollte die Windkamp denn von dir?"

Steffen beißt in seinen Apfel und spricht mit vollem Mund. „Ach, nix Besonderes, hat kurz meinen Rat gebraucht wegen was Digitalem. Zugriffsrechte auf die Schul-Cloud und so. DSGVO. Zum Beispiel kann man da sehen, welcher Lehrer ..."

Theo haut mit der flachen Hand auf den Tisch. „Kurz was anderes, Leute. Freitag ist wieder Schulsport. Wer ist dabei? Wir machen Spikeball, außerdem habe ich eine große Überraschung!"

Kuschel-Ursel fragt irritiert in die Runde: „Was ist denn bitte Spikeball? Immer dieser neumodische Kram, ich komm da nicht mehr mit. Mit dem Fräulein Windkamp und ihren ganzen neuen Innovationen geht es mir da ehrlich gesagt genauso. Die Frage ist ja auch, ob sie die älteren Kollegen überhaupt noch im Blick hat. Ein bisschen übergangen fühlt man sich da schon. Digitalisierung schön und gut, aber der *Mensch* darf doch nicht auf der Strecke bleiben." Sie holt ihren Chip aus der Hosentasche und mustert ihn kritisch.

Theo versucht sie zu trösten. „Ach, Ursel, so wild ist

das doch nicht. Ist ja nicht so, als wär jetzt hier *alles* neu. Die HFG ist nur endlich im 21. Jahrhundert angekommen, weißt du? Und du musst auch mal die Vorteile sehen."

Ich mische mich ein. „Sag mal, Theo, musstest du eben gar nicht bezahlen?"

Steffen fällt mir ins Wort: „Ich verstehe ja, dass das erst mal bedrohlich wirken mag, aber Theo hat schon recht. Egal, ob Smartboard oder Tafel, die Buchstaben und Zahlen bleiben ja die gleichen. Und die Stühle werden auch noch hochgestellt. Das soll alles nur der Erleichterung dienen."

Ich lege meine Hand auf Kuschel-Ursels Schulter.

„Ich bin da ganz bei dir, Ursel. Ich versteh mich ja selber auch eher als oldschool. Das war auch süß mit der PDF damals ... Ursel, darf ich das erzählen?"

Sie zuckt mit den Schultern.

„Ach, es ging irgendwie um den Notenspiegel der 9b oder irgend so einen Quatsch, und ich hatte Ursel 'ne PDF weitergeleitet. Drei Tage später krieg ich von ihr die gleiche Datei zurückgeschickt, mit den Worten: ‚Falls du die PDF nochmal brauchst.'" Ich lache in die Runde und knuffe Kuschel-Ursel in die Seite.

Theo lacht und sagt: „Na ja, Schrödi, aber als wir damals von VHS auf DVD-Player umgestiegen sind und du mit deiner 10a ‚Schindlers Liste' geguckt hast, da hast du auch am Ende die DVD zurückgespult."

Gelächter. Diesmal lachen auch Steffen und Kuschel-Ursel. Sie sagt: „Wir brauchen halt alle ein bisschen, um uns auf die neuen Gegebenheiten einzustellen."

Steffen lächelt milde. „Und wie gesagt, so viel ändert sich ja nicht."

In dem Moment öffnet sich die Schiebetür, und der neue Saugroboter kommt in die Mensa gefahren.

Kapitel 5

Präsenzunterricht

Nach dem sehr erfolgreichen Erstkontakt im Internet steht nun endlich die erste richtige Schulstunde bevor. Also Menschen, die tatsächlich anwesend sind, zumindest physisch.

Das unausgesprochene Versprechen des körperlichen Vorhandenseins. Beim Übertreten der Türschwelle unterschreiben wir alle einen unsichtbaren Vertrag und bekennen unser Commitment zueinander und zur Situation. Und die heutige Situation ist eine Doppelstunde Deutsch im Grundkurs. Wie schön, dass es Dinge gibt, die einen dazu bringen, sich morgens eine Hose anzuziehen und das Haus zu verlassen. Das kann ja nicht alleine die Schulpflicht und die parentale Sorgfaltspflicht sein. Es muss etwas Höheres sein, was uns Menschen veranlasst, die heimische Komfortzone zu verlassen und uns in die Unwägbarkeiten des direkten Kontakts zu werfen. Wenn du da bist, dann bist du da. Wenn es dir vor der Webcam zu viel wird, kannst du den Laptop einfach zuklappen und behaupten, deine Verbindung wäre instabil. Im Präsenzunterricht bleibt dir allerhöchstens die innere Emigration. Heimspiel für mich.

Entsprechend gut gelaunt parke ich meinen blauen Nissan Micra neben den Altglascontainern.

Natürlich macht die Digitalisierung auch bei mir nicht halt. Ich gehe auf dem Weg zum Klassenzimmer am Handy die Notizen für die erste Stunde durch.

„Ey, Herr Schröder!"

Murat steht vor mir und zeigt auf mein neues Smartphone. „Was ist denn mit Ihrem alten Alcatel-Knochen?"

„Murat, es ist das Jahr 2021. Auch so ein alter Silversurfer wie ich möchte sich manchmal in die tosenden Fluten der Bits und Bytes stürzen."

„Was?"

„Da musste einfach mal was Neues her. Schrödi 2.0." Ich stecke das Handy in die Innentasche meines Cordjacketts und weise Murat den Weg ins Klassenzimmer. Ich betrete den Raum und breite meine Arme aus. Es gibt keine zweite Chance für den ersten Eindruck.

„Guten Morgen, ihr Lappen!"

Die Schülerinnen und Schüler schauen verdutzt von ihren Smartphones auf.

Erst mal mit einem Knaller überraschen und dann inhaltlich werden. „Ihr Lieben, ich möchte euch beglückwünschen, dass ihr heute den Weg hierher gefunden habt. Denn in dem unausgesprochenen Versprechen eures Vorhandenseins liegt die Magie des Gegenwärtigen, der wir uns alle überantworten."

Die Schüler schauen mich komplett ratlos an.

„Spürt mal!" Ich reibe meine Fingerspitzen aneinander. „Hört mal!" Ich klatsche in die Hände. „Riecht mal!" Ich zeige auf Torben. Er guckt mich entgeistert an. Ich breite meine Arme wieder aus. „Das ist die Wirklichkeit! Die kratzende, stinkende, unausweichliche Wirklichkeit. Haptisch erlebbar und vierdimensional. Keine Webcams, keine Mikrofone, keine LCD-Monitore. Und das Beste: Eure kleinen Superhirne brauchen kein USB-C-Ladekabel."

Murat zu Justin: „Der kennt sich ja richtig aus jetzt."

Ich klatsche in die Hände.

„Ja, Murat, kenne deinen Feind! Aber es ist natürlich nicht *alles* schlecht." Ich zeige auf das Smartboard hinter mir. „Vorbei ist die Kreidezeit, es lebe die digitale Höhlenmalerei." Ich schalte das Smartboard ein.

Justin meldet sich.

„Herr Schröder, was heißt ‚buffering'? Müssen wir das schon mitschreiben?"

Jan bringt sich ein. „Herr Schröder, haben Sie Ihr Handy schon mit dem Smartboard synchronisiert?"

Ich lehne mich ans Pult.

„Gute Frage, Jan! Das Wort ‚synchron' kommt ja aus dem Altgriechischen und bedeutet so viel wie ‚gleichzeitig'. Man denke nur an die chinesischen Turmspringer, die in perfekter Synchronisation, wie *ein* Organismus, ihre Salti abfeuern. Einfach toll! Und ich finde, wir – als Grundkurs – sind auch super synchronisiert. Emotional, intellektuell, spirituell …"

Jan unterbricht mich: „Sie haben das Update nicht heruntergeladen, oder?"

Ich setze mich auf das Pult.

„Weißt du, Jan, es gibt Dinge im Leben, die kann man nicht updaten. Als der Mensch das Feuer erfand, was meinst du, wie viele sich da erst mal die Finger verbrannt haben? Die Schlauen haben gewartet, bis der Topflappen erfunden wurde."

Jan murmelt vor sich hin: „Na ja, klingt für mich nach einem 1:0 für den Binärcode, nach Verlängerung."

Ich starte das Smartboard neu. „Genug palavert. Kommen wir mal zum Stoff der heutigen Stunde."

Ein großes Geraschel und Geseufze geht los. Wie sehr habe ich diesen Sound vermisst. Was im Orchester das Stimmen der Instrumente ist, ist in der Klasse das Herausholen der Arbeitsmaterialien. Und ich klopfe – im übertragenen Sinne – mit dem Dirigentenstab auf das Pult und hebe an zur ersten Note.

„Ein Thema, das uns bis zum Abitur von nun an begleiten wird, ist das Motiv des Hochstaplers in der Literatur. Haben wir jemanden mit Staplerschein?"

Die Klasse guckt mich ratlos an.

„Was ist los? Buffern eure Gehirne noch? Seid ihr eingefroren?"

Anastasia schaut von ihrem Collegeblock hoch. „Wir versuchen uns gerade mit Ihnen zu synchronisieren, aber mein Bluetooth sagt, es sei kein intelligentes Gerät in der Nähe."

Ich greife mir einen Stapel Reclamhefte und gebe ihn Jan. „Bitte gib das mal durchs Gästerund."

Die gelben Bücher gehen durch die Reihen.

„Leute, das ist ‚Kleider machen Leute' von Gottfried Keller. Ein armer Schneider, der sich in eine Lebenslüge verstrickt, weil er aufgrund seines adretten Kleidungsstils für einen Adligen gehalten wird."

Justin betrachtet das Buch. „Sieht aber eher nach secondhand aus."

Ich hebe das Buch in die Luft. „So ein gutenbergsches Druckwerk erzählt auch immer eine Geschichte. Riecht doch mal zwischen den Seiten."

Jan ruft laut: „Es gibt online eine Hörbuchfassung dazu …"

„… und der Geruch nimmt euch mit auf eine Reise …"

„… hab den Link in die Gruppe gestellt …"

„… in den Kaninchenbau der Vergangenheit …"

„… gibt sogar 'ne Podcast-Zusammenfassung …"

Ich nehme Jan sein Handy ab. „Ich find's ja super, dass du so viel recherchierst für die Klasse, Jan. Aber willst du mir vielleicht nicht lieber mal helfen, das Smartboard zum Laufen zu bringen?"

Jan steht auf und macht sich daran, das Smartboard in Gang zu bekommen.

„Brauchst du mein Handy, Jan?"

„Nee, aber meins wär gut."

Ich gebe ihm sein Handy wieder.

„Okay, Leute. Während der Jan hier die tolle Technik rebootet, überlegen wir mal ganz unverkrampft gemeinsam: Welche Hochstapler fallen euch denn so ein?"

Justin meldet sich. „Hier, der Typ von ‚Kleider machen Leute'."

„Ja, sehr gut, Justin, weitere?"

Murat meldet sich. „Donald Trump."

„Ja, sehr gut."

Anastasia meldet sich. „Eigentlich auch jede Insta-Bitch oder TikTok-Tussi."

Zoey: „Was soll das denn heißen?"

Anastasia: „Ist halt voll oberflächlich, was da so abgeht. Gefakte Profile, gekaufte Likes, ist doch alles bekannt."

Ich reiße die Augenbrauen hoch. „Gekaufte Likes?"

Zoey: „Das sagst du nur, weil ich so viele Follower:innen hab und dir nur deine Mutter folgt."

Ich gehe dazwischen. „Leute, jetzt beruhigt euch mal. Anastasia, find ich gar nicht so uninteressant, was du da sagst. Vielleicht möchtest du morgen in der nächsten Stunde ein spontanes Impulsreferat über dieses Thema halten?"

Zoey: „Toll – und ich?"

„Willst du auch ein Referat halten?"

Zoey: „Nee, schon okay."

Anastasia: „Okay, mach ich gern."

Jan unterbricht uns. „Herr Schröder, ich fürchte, das wird hier nix mehr heute mit dem Smartboard."

„Okay, mag vielleicht jemand so nett sein und den Overheadprojektor von oben holen?"

Kapitel 6

Kaffeeküche

Auf dem Weg zum Lehrerzi... äh, zur Begegnungslounge krame ich nach meinem Schlüssel beziehungsweise Chip. Kuschel-Ursel kommt mir entgegen.

Sie lächelt mich an. „Dieses Gefühl, einen Raum einfach zu betreten, wo all die Jahre eine Tür im Weg war, da muss ich mich auch erst mal dran gewöhnen. Es fühlt sich für eine Sekunde an wie Fliegen."

Ich stecke meinen Chip wieder weg. „Ja, oder wie Bahncard 100, aber dann fällt einem schnell wieder auf, dass es doch nur das Lehrerzimmer ist. Kommst du mit in die Kaffeeküche?"

Sie stemmt die Arme in die Hüfte. „Schrödi. Das heißt nicht mehr Lehrerzimmer. Und Kaffeeküche sagen wir auch nicht mehr. Das ist jetzt die Aroma-Ecke."

Ich rolle mit den Augen. „Aber Tassen gibt es noch, oder? Haben wir noch alle im Schrank?"

Wir gleiten über die Türschwelle in die Begegnungslounge. Steffen steht ungläubig im Türrahmen und betrachtet das Loch in der Wand. Kopfschüttelnd sagt er:

„Als hätte man bei einem Computer die Firewall rausgenommen." Entgeistert wiederholt er den Satz noch mal.

„Steffen, möchtest du uns vielleicht in die Aroma-Ecke begleiten?", frage ich und klopfe ihm auf die Schulter.

Das, was früher die Kaffeeküche war, ist jetzt ein durch einen magentafarbenen Vorhang abgetrennter Bereich, in dessen Mitte ein Kaffeevollautomat steht, dessen Finanzierung höchstwahrscheinlich das Streichen aller Referendarstellen mit sich brachte. In der Ecke ein Wandtattoo in chinesischen Schriftzeichen. Darunter die Übersetzung: „Das Leben ist zu kurz für schlechten Kaffee."

Trillerpfeifen-Theo steht da und sortiert seine Gedanken. „Na, ihr drei, seht euch das mal an." Er zeigt auf die Regale. „Sogar hier fehlen die Türen. Also, ich bin echt davon überzeugt, dass die Anne, also dass Frau Windkamp hier einiges reißen wird, aber das …"

Ich greife mir schnell die Lehrer-des-Jahres-Tasse und betrachte fachmännisch die neue Kaffeemaschine. „Theo, was kann das Baby? Wie viel verbraucht sie auf 100 Kilometer? Ich hätte gerne einen Triple Hazelnut Frappuccino mit Hafermilch-Whipped-Cream." Ich halte ihm meine Tasse hin. Er nimmt sie und macht sich an die Arbeit. Kuschel-Ursel lässt sich seufzend auf einen pinken Sitzsack fallen. Er gibt kaum nach. Ihr Gesicht sagt alles: Nur stehen ist bequemer.

„So, Schrödi", Trillerpfeifen-Theo hält mir meine Tasse hin, „einmal Kaffee schwarz ohne alles."

Ich nehme die Tasse. „Perfekt, danke."

Theo fischt eine weitere Tasse aus dem Schrank. „Ursula, was kann ich dir Gutes tun?"

Sie rückt unruhig auf dem klobigen Sitzsack hin und her. „Ach, für mich einfach nur ein Glas heißes Wasser. Wegen der Nieren."

Ich setze mich auf ein Möbel aus Europaletten, nehme einen Schluck von der schwarzen Brühe und sage: „Schon toll mit dem neuen Kaffeeautomaten, aber so ganz geheuer ist mir die Windkamp nicht. Oder wie hat euch ihr Sektflötenkonzert gefallen?"

Die drei blicken mich stumm an.

Einer der vielen Nachteile eines Lehrerzimmers ohne Türen ist, dass man nicht hört, wenn jemand den Raum betritt.

Frau Windkamp schiebt den Vorhang beiseite, schaut mich angriffslustig an und sagt: „Also, *ich* fand die Rede richtig gelungen. Aber ich glaube, es ist so ein klassischer Fall von: Die Idee ist gut, aber der Herr Schröder noch nicht bereit." Dann schaut sie zu Theo: „Für mich bitte einen Americano."

Ich erhebe mich umständlich von der Palette. „Frau Windkamp, also, ich muss das mal ganz kurz sagen, auch im Namen des Cholerikums, äh, Kollegiums, diese neue Aroma-Lounge mit der Begegnungsecke und so ist total kommunikativ, wir sind hier dermaßen ins Quatschen gekommen, richtig progressiv, begrüße ich, aber ..."

Sie unterbricht mich. „Schön. Mich würde aber noch interessieren, wieso Sie gestern einen Ihrer Schüler dazu veranlasst haben, den Overheadprojektor zu holen. Hatten Sie Probleme mit dem neuen Smartboard?"

„Frau Windkamp. Ich weiß, Sie hätten das jetzt alles gerne A.S.A.P. as possible, aber man muss die Schülerinnen und Schüler da langsam heranführen. Man kann die doch nicht alle ins kalte Wasser schubsen. Oder wie die alten Griechen sagen würden: Wir müssen uns erst miteinander *synchronisieren*." Ich führe meine beiden Hände ineinander und verschließe sie zu einer Einheit.

Theo reicht Frau Windkamp eine dampfende Tasse.

„Danke dir. Wo ich euch grad hier hab, quasi den" – sie macht Gänsefüßchen in der Luft – „elitären Zirkel." Wir nicken uns gegenseitig anerkennend zu. Sie senkt ihre Stimme. „Zwei Sachen. Erstens: Morgen im Laufe des Tages kommt so einer vom Kultusministerium vorbei, ein gewisser Herr Schmolke, um sich hier mal umzuschauen. Ganz was Neues: Die interessieren sich plötzlich für das, was in den Schulen tatsächlich passiert."

Alle lachen.

„Zugegeben, schon ein bisschen absurd, dass jemand, der sein Leben lang nur Papierflieger gebastelt hat, jetzt bei der NASA vorbeikommen möchte, um zu schauen, ob alles funktioniert."

Größeres Gelächter.

„Überflüssig zu erwähnen: Der ist ein bisschen vom alten Eisen. Also sollten wir ihn nicht erschlagen mit zu viel Zukunft. Und da kommen Sie ins Spiel, Herr Schröder. Sie können doch bestimmt mit so jemandem. Einfach ein bisschen nostalgisch einlullen, ein Goethe-Zitat hier, ein beflissenes Wortspiel da, eine Prise schwarze Pädagogik, das wäre ganz, ganz toll."

Sie klopft mir auf die Schulter. Ich lächle verkrampft. Sie nimmt einen Schluck aus ihrer Tasse und spricht weiter.

„Zweitens: Im Spätsommer steht ja wie jedes Jahr der Pädagogische Tag auf dem Plan. Was habt ihr denn die letzten Jahre da so gemacht?"

Ich rühre in meinem Kaffee.

Theo trocknet eine Tasse ab.

Kuschel-Ursel rutscht auf dem Sitzsack hin und her und sagt schließlich: „Also letztes Jahr war das Thema ‚Lehrergesundheit'. Da war ich aber gerade auf Kur."

Frau Windkamp stellt ihre Tasse ab, um beide Hände frei zu haben, und sagt: „Mir schwebt da für dieses Jahr etwas komplett anderes vor." Sie zeichnet einen Halbkreis in die Luft und lässt ein Gemälde entstehen. „Idyllisches Landhaus im Schwarzwald. Unbefestigte Straßen, die sich den Berg hinaufschlängeln. Kein WLAN, kein Netz, das nächste Nachbarhaus zwanzig Minuten mit dem Auto entfernt. Wir backen Maisbrot, wir brauen unser eigenes Craft Beer, wir füttern die Hühner im Garten. Herr Schröder, wie klingt das für Sie?"

Ich runzle die Stirn. „Wie das Sommerhaus der Stars, nur ohne Stars."

Frau Windkamp zeichnet weiter. „Einfach als Gegengewicht zu den ganzen zugegebenermaßen wirklich radikalen Änderungen hier an der Schule dachte ich, so etwas würde allen guttun. Keine Push-Benachrichtigungen, keine Zoom Calls, keine Webinare, keine Dienst-E-Mails, the teachers you're calling are temporarily not available."

Alle scheinen angetan und seufzen befreit auf.

Ich stemme die Fäuste in die Hüften. „Na ja, Frau Windkamp, also *ich* habe ja gar kein Problem mit dem ganzen Internetzeugs. Die *Kinder* müssen sich halt so wahnsinnig umstellen."

Steffen betritt die Aroma-Ecke. „Was wird denn hier in diesem privaten Chatroom getuschelt? Darf ich beitreten?"

Kuschel-Ursel sagt: „Wir fahren alle zusammen in den Schwarzwald."

Steffen lacht. „Wie denn, auf dem Saugroboter?"

Theo grinst und gibt ihm einen High five.

Frau Windkamp wendet sich Steffen zu. „Herr Leffringhausen, Sie sind ja hier an dieser Schule so etwas wie das digitale Gewissen. Deshalb müssen Sie jetzt ganz stark sein: Wir machen Urlaub in der analogen Welt."

Steffen spielt ironische Entrüstung. „Die analoge Welt ist für mich kein souveränes Herkunftsland."

Alle lachen.

Frau Windkamp neigt den Kopf zur Seite. „Hier wird für mich grad wieder ganz deutlich: Wir an der HFG sind mehr als ein Kollegium. Wir sind eine Schulfamilie." Sie zeigt auf Kuschel-Ursel. „Da gibt es die gute Seele."

Alle schauen zu Ursel. Sie hebt verlegen die Hand und sagt: „Schuldig im Sinne der Anklage." Alle lachen.

Steffen ergänzt: „Und da gibt es natürlich noch den coolen Bruder mit der Straßenschläue, der einen überall rausboxt." Er zeigt auf Theo und wird von ihm in die Seite geknufft.

„Ja, und du, du bist unser Haus-und-Hof-Nerd. Steffen,

der Kabel-Lurchi, der an Weihnachten immer die Computerprobleme der Verwandten löst."

Alle liegen sich in den Armen.

Plötzlich zeigt Steffen auf mich und sagt: „Und dann hätten wir diesen einen merkwürdigen Onkel, den man halt *auch* einladen muss, weil er sonst wieder alleine zu Hause sitzt und sich 'ne Tiefkühlpizza aufwärmt." Alle halten sich den Bauch vor Lachen. Kuschel-Ursel verschluckt sich an ihrem Wasser.

Ich zeige auf Frau Windkamp und rufe: „Ja, und dann gibt es natürlich noch die geile MILF, auf die jeder heimlich scharf ist!"

Das Lachen erstirbt in der Aroma-Ecke. Alle schauen mich fassungslos an. Es gongt. Die Pause ist vorbei.

Kapitel 7

König Blauzahn und die Ritter
der Schwafelrunde

Neuer Tag, neues Glück. Um endlich dieses dusselige Smartboard zum Laufen zu kriegen, schreite ich schnell Richtung Klassenzimmer. Jan meinte, ich müsse einfach nur in meine Bluetooth-Einstellungen rein und da als Gerät das Smartboard anwählen. Bluetooth ist ja benannt worden nach König Blauzahn. Harald Blauzahn war ein dänischer König im zehnten Jahrhundert, bekannt für seine Fähigkeiten zur Vereinigung von mehreren Fürstentümern zu einem großen Königreich. Ob mir dieses Wissen beim Synchronisieren hilft, weiß ich noch nicht. Zu meiner Überraschung ist die Klasse bereits vollzählig. Ich bleibe an der Türschwelle stehen.

Anastasia steht am Smartboard und wischt wie selbstverständlich von links nach rechts. Jan sitzt hinterm Pult und richtet den Laptop ein. Noch hat mich niemand bemerkt.

Murat: „Anastasia, geh mal auf YouTube! Hab den Link in die Gruppe gestellt."

Zoey: „Ich mach parallel Insta-Storys, okay?"

Ich stehe in der Tür und klopfe gegen den Rahmen. „TikTok, ich bin's. Ich möchte euren Enthusiasmus durch meine Anwesenheit ja nicht trüben, denn da gibt es ja den sogenannten ‚Hawthorne-Effekt‘. Dieser besagt, dass ein Experiment dadurch verfälscht wird, dass es beobachtet wird."

Justin: „Heißt das, Sie gehen jetzt wieder?"

Vorsichtig betrete ich den Klassenraum. „Nee, natürlich nicht, aber tut einfach so, als wäre ich nicht da."

Murat: „Kein Problem."

Ich setze mich in die letzte Reihe.

Anastasia: „So, ich hab mich einfach über Bluetooth mit dem Smartboard verbunden."

Ich schnipse mit dem Finger. „Das Wort Bluetooth kommt von …"

Anastasia: „Ja, vielen Dank, Herr Schröder, ich würde dann jetzt beginnen."

Ich hebe entschuldigend die Arme. „Okay, okay, bitte."

Anastasia legt los: „Heute geht es um das Hochstaplermotiv am Beispiel sozialer Medien. Keine Sorge, wird cool." Jan drückt eine Taste, und im Hintergrund erscheint ein Meme von einem Opa auf einem Skateboard.

Anastasia fährt fort: „Leute, könnten bitte alle mal dabben, die auf TikTok sind."

Ich sehe 15 Armpaare, die synchron zur Seite gerissen werden.

„Machen wir uns nichts vor. Das Internet ist längst kein *second* life mehr. Es ist mit unserem normalen Leben verschmolzen. Mehr noch, es ist zu unserem *first* life geworden. Stell dir vor, du gehst mit Freunden was trinken, sie machen Fotos und verlinken dich nicht. Warst du dann überhaupt dabei?"

Stille in der Klasse. Man könnte einen Bitcoin fallen hören.

„Aber was ist die Alternative? Als Berg-Eremit ohne Internetzugang ein analoges Leben zu führen ohne die Annehmlichkeiten der modernen Welt?"

Ein Foto von einem Höhlenmenschen erscheint. Er trägt ein Cordjackett und hat mein Gesicht. Die Klasse lacht auf.

„An der Stelle vielleicht ein kleiner Applaus für Jan und seine Photoshop-Skills."

Applaus. Nach anfänglichem Zögern klatsche ich auch.

Anastasia wartet den Applaus ab und spricht dann weiter: „Nun zum Hochstaplermotiv. Was ist ein Hochstapler? Ein Hochstapler ist jemand, der vorgibt, etwas zu sein, was er oder sie nicht ist. Und nirgendwo geht das leichter als im Internet. Das kann eine ganz tolle Spielwiese sein. Sogar jemand wie Herr Schröder kann sich dort neu erfinden ... Obwohl ..."

Die Schüler johlen und hauen auf die Tische. Nur Torben-Manuel dreht sich kurz nach mir um.

Ich melde mich.

„Bleib bitte mal mehr beim Thema, Anastasia."

Anastasia sagt: „Seien wir ehrlich: Der Hochstapler und das Insta-Sternchen möchten *beide* dasselbe. Eine Anerkennung aus dem Außen, die sie aus sich selbst heraus nicht bekommen. Und die entscheidende Frage ist dann:

Wie weit bist du bereit zu gehen für ein Like, ein Herz, ein ‚Gefällt mir'?"

Ich rufe rein: „Langweilig!" Die Schülerinnen und Schüler müssen auch lernen, mit so was umzugehen.

Anastasia lässt sich nicht beirren. „Wenn man erst mal gemerkt hat, wie gut das eigene Tanzvideo ‚performt', dann rutscht das Dekolleté beim nächsten Mal vielleicht noch etwas tiefer. Ich poste ja manchmal auch Selfies. Und jedes Mal, wenn ich da auch nur ein wenig Haut zeige, verdoppeln sich die Likes. Und alles nur, um *einmal* Klickmillionär:in zu sein."

Zoey unterbricht sie: „Come on! I mean seriously. Ich mach das nur für mich selbst. Ich habe auch schon mit der Bürste als Mikro vorm Spiegel getanzt, bevor irgendjemand zugeguckt hat. Aber klar, Spaghetti-Top performt besser als Rollkragen."

Anastasia tritt zur Seite. „Ich zeig euch da einfach mal was."

Jan klickt mit der Maus auf ein Icon, und ein Video mit dem TikTok-Logo in der Ecke wird abgespielt. Man sieht eine leicht bekleidete junge Frau. Sie tanzt und bewegt ihre Lippen zu einem Popsong. Die Schüler drehen komplett durch.

Murat ruft: „Geil, MegaLena, der folge ich seit Tag eins. Richtig gut!"

Torben-Manuel fragt: „Wird es ein Handout geben? Oder stellst du die Links in die Cloud?"

Ich hole mein Handy raus.

Gerade in dem Moment, als MegaLena sich zur Kamera

umdreht, um ihren Hüftschwung zu präsentieren, öffnet sich die Tür. Frau Windkamp betritt den Raum, in Begleitung eines Mannes, den ich mal vorsichtig als Herrn Schmolke identifizieren würde. Den hatte ich völlig vergessen.

Frau Windkamp scannt den Raum, um mich zu finden. „Jan, warum sitzt du am Pult? Wo ist Herr Schröder?" Ihr Blick wandert zum Smartboard. „Und wer ist diese halb nackte Frau, die sich da vor einem Billy-Regal rekelt?"

Herr Schmolke starrt fasziniert auf das Smartboard. Er notiert sich etwas.

Ich springe auf. „Frau Windkamp, Herr äh ..., das Smartboard funktioniert einwandfrei! Ich hab das alles eingerichtet, und jetzt zeige ich den Kindern, wie sie mithilfe der Technik selbstständig arbeiten können. Anastasia hält ein Referat! Es geht um das Motiv des Hochstaplers in der Literatur am Beispiel von ‚Kleider machen Leute'. Gottfried Keller."

Herr Schmolke deutet auf das Smartboard, wo MegaLena gerade eine imaginäre Feuerwehrstange runterrutscht, und fragt: „Und was hat *das* damit zu tun?"

Ich laufe nach vorne. „Jan, würdest du dieses Video jetzt bitte mal ausmachen!"

Frau Windkamp wendet sich an Herrn Schmolke. „Herr Schröder hat hier einen gewissen Ruf ... die Dinge etwas unkonventioneller anzugehen, verstehen Sie?"

Herr Schmolke steckt sein Klemmbrett weg. „Keine Bange! MegaLena! Kenn ich doch alles. Ich bin einfach froh, wie zeitgemäß hier schon unterrichtet wird. Da sind längst nicht alle so veränderungsflexibel. Hut ab, Herr Schröder, weiter so!"

Er wendet sich an Frau Windkamp. „Und bemerkenswert, was Sie hier mit Ihren zugegebenermaßen doch recht spärlichen Mitteln alles auf die Beine gestellt haben. Ich schlage Sie vor für die ‚Goldene Webcam'!"

Frau Windkamp stutzt: „Die goldene was?"

Herr Schmolke lacht väterlich. „Das ist *der* Digitalisierungspreis für innovative Schulen." Er streicht mit der Hand über den Türrahmen. „Und ich sehe die HFG da ganz weit vorne!"

Frau Windkamp errötet, und die beiden verlassen den Raum.

Ich drehe mich um zu meiner Klasse. „So, einmal bitte einen Applaus für die Anastasia, das hast du ganz toll gemacht!" Die Klasse applaudiert, vereinzelt sind „Wuuuu"-Rufe zu hören.

Anastasia schaut sich irritiert um. „Ähm, ich war eigentlich noch gar nicht fertig, Herr Schröder ..."

Ich winke ab. „So, ich hab eine Frage an euch."

Anastasia wankt konsterniert an ihren Platz zurück.

„Und zwar die Sexismusfrage: Haltet ihr es eigentlich für zeitgemäß und progressiv, dass sich da halb nackte Mädchen vor der Kamera räkeln?"

Stille.

Alle schauen sich unsicher um. Niemand meldet sich. Zoey nickt dezent.

Ich setze nach: „Warum nicht mal ein Mann?"

Die Klasse seufzt genervt.

„Ich stelle ja nur Fragen. Meint ihr, so ein knöchriger, alter, Rollkragenpulli tragender Bestager mit Beißschiene auf dem Nachttisch …"

Justin ruft rein: „Jemand wie Sie also?"

Alle lachen.

„Ja, genau, jemand wie ich. Meint ihr, es wäre theoretisch möglich, dass so jemand auch Klickmillionär werden könnte?"

Zoey: „Na ja, da gibt's schon einige, die aber eher so im Infotainment-Bereich …"

Ich reiße die Arme nach oben.

„Ach bitte! Doch verschwindend gering!"

Anastasia: „Im Bereich der ‚Fail Compilations' hätten Sie große Chancen."

Alle lachen.

Murat: „Jaaaa, eine Schrödi Epic Fail Compilation. Die würde safe gut geklickt werden."

Ich nicke anerkennend.

„Ach Mensch, sagt mir gar nichts. Klingt aber spannend. Dann bringt euren Schrödi doch mal in so einer Epic-Fail-Geschichte unter. Klickmillionär fänd ich auf meine alten Tage auch nicht schlecht."

Kapitel 8

Siebzig Quadrate
applaudieren lautlos

Für die Gesamtlehrerkonferenz (100 Punkte bei Scrabble) via Zoom begebe ich mich in den Westflügel meiner heimischen Südstadt-Hacienda. Hier meint die Sonne es gut mit mir. Lifehack: beim Videocall Schuhe tragen. Das gibt gut Körperspannung und verschafft eine aufrechte Haltung, auch mental. Bei Homeoffice sollte der Wortbestandteil „Home" nicht überwiegen.

Entschlossen entferne ich den Klebestreifen von der Laptop-Webcam und gestalte mein Set. Ich schiebe den Ohrensessel in den hellen Erker. Schnell noch das Diddl-Window Color am Fenster abknibbeln und die Glückskastanie positionieren. Zu ordentlich darf es aber auch nicht aussehen. Ich werfe mein Schlafshirt auf die Heizung und verteile ein bisschen Blumenerde auf dem Fensterbrett. Natürlich will man nicht völig verkatert in den Videocall stolpern, aber es dürfen ruhig auch alle wissen, dass unsereiner in seinem Mancave nichts anbrennen lässt. Ganz wichtig: vorher noch duschen. Noch gibt es zwar keine Webcams mit Geruchsfunktion, aber man fühlt sich einfach frischer. Mit noch klammem Haar fahre ich den Rechner hoch. Bis das Ding bereit ist, kann ich mich rasch föhnen. Und die Steuer fertig machen. 20 Minuten später bin ich auch schon online.

„Hallo, ihr Lieben …“ – „… toller Stuck bei euch!“ – „… sind noch nicht alle da“ – „Silke, wir hören dich nicht“ – „… süß, Patrick, seit wann habt ihr denn Katzen?“ – „Ursula, du hast die Frontkamera aktiviert, glaube ich …“

Ich winke in die Kamera und nippe an meinem Kaffee. Mittlerweile haben sich 60 Quadrate auf meinem Bildschirm eingefunden. Theo füllt den Bildausschnitt mit seinem dicken Quadratschädel komplett aus. Steffen hat sich ungünstig im Gegenlicht positioniert und ist wie von einer sakralen Aureole umgeben. Eine Marienerscheinung mit Geodreieck. Frau Windkamp sieht aus wie ihr eigener Avatar. Gephotoshopped vom Leben. Eine 4k-Visage. Adrett gekleidet und perfekt ausgeleuchtet, als würde sie gleich eine professionelle Zahnreinigung bekommen. Von Kuschel-Ursel seh ich nur ein Nasenloch.

Frau Windkamp ergreift das Wort. „Guten Morgen allerseits, es scheint jetzt der Großteil da zu sein, da fang ich doch einfach mal an. Zu Beginn gleich ein Lob. Und zwar an uns alle. Schaut euch das mal an: 70 Kolleg:innen, alle digital, das wäre vor zwei Jahren noch undenkbar gewesen. Eine neue Kulturtechnik, die wir ganz alltäglich hier anwenden. Toll, Leute!“

Ein Hund bellt, und irgendwo fällt ein Wäscheständer um.

„Könnten bitte alle, während ich spreche, ihr Mikro

stumm schalten? Danke! Macht mal Lärm für euch selbst."

70 Quadrate applaudieren lautlos.

„Zur Auflockerung ein kleines Spiel. Jeder, auf den die folgenden Aussagen NICHT zutreffen, soll bitte die Kamera ausschalten. Vielleicht schaffen wir es ja, dass am Schluss nur eine oder einer übrig bleibt."

Alle nicken.

„Okay, wunderbar. Ich bin an der HFG."

Nichts passiert.

„Ich habe heute schon Kaffee getrunken."

Die ersten Quadrate werden schwarz.

„Ich war heute noch nicht joggen."

Weitere Quadrate werden schwarz. Eins geht wieder an.

„Äh, ich glaub, ich hab das falsch verstanden, also, ich war eben joggen, muss ich dann ausmachen oder äh ..."

Frau Windkamp lächelt verständnisvoll. „Ja, Marcus, wenn du joggen warst, bitte Kamera aus."

Der Kollege hebt entschuldigend die Hand und schaltet seine Kamera wieder aus. Noch 55 Quadrate.

„Ich habe heute schon Zeitung gelesen." Einige weitere Quadrate werden schwarz.

Ist ein bisschen unfair, dass Frau Windkamp die Aussagen formuliert, denn natürlich gestaltet sie das dann so, dass nur sie übrig bleibt, denke ich bei mir. Gerne würde ich auch einen Vorschlag machen: „Ich habe nicht auf einem Nagelbrett geschlafen." Da wäre sie ratzfatz raus.

Das Spiel geht weiter.

„Ich habe heute schon Klausuren korrigiert."

Ich schalte meine Kamera aus, so wie fast alle anderen. Nur noch Trillerpfeifen-Theo, Steffen, Frau Windkamp und Kuschel-Ursel sind übrig. Als ob der Theo heute schon Klausuren korrigiert hätte.

„Okay, letzte Frage." Frau Windkamp lässt eine bedeutungsschwangere Pause. „Ich würde altersmäßig noch problemlos als Referendar:in durchgehen."

Jetzt sind alle Quadrate schwarz.

Bis auf den Bildschirm von Kuschel-Ursel.

Frau Windkamp schaltet ihre Kamera wieder ein. Nach und nach ploppen alle wieder auf. „Sehr gut, Ursula, Sie haben gewonnen. Natürlich gehen Sie als Referendarin durch."

Alle applaudieren.

Kuschel-Ursel meldet sich zu Wort. „Halloo … könnt ihr mi h hören? Ich hö e euch nicht. Hab n wir s hon angefang n?"

Frau Windkamp klatscht in die Hände. „So, jetzt, wo wir alle locker sind, gehen wir mal ins Eingemachte. Das soll auch nicht ewig dauern hier. Die einzelnen Tagesordnungspunkte findet ihr außerdem in der Dropbox. TOP 1 wäre der Besuch von Herrn Schmolke. Also gleich mal zu Beginn, das lief super! Der war wirklich total angetan von der praktischen Umsetzung des Hybridmodells. Wirklich klasse, Leute! Um jetzt aber weiterhin nachhaltig zukunftsfähig zu bleiben, müssen wir die konventionellen Lerninhalte ein Stück weit der digitalen Wirklichkeit anpassen …"

Ich schweife ab.

Meine Glasmurmelaugen blicken leblos in die Kamera, und mein mentales Lichtspielhaus wirft mir einen nostalgischen Stummfilm auf die Linse. Aus Zeiten, wo alles einfacher war. Wie gerne würde ich jetzt einfach vor meiner Klasse stehen. 'ne schöne, klassische Doppelstunde Deutsch, an einem verregneten Montagmorgen. Kein Videocall, keine Webcam, keine unfreiwilligen Einblicke in Privathaushalte. Nur ich, mein Klassenbuch und 30 mäßig motivierte Hormonschleudern, denen ich irgendwie die Relevanz und Tagesaktualität von Friedrich Schiller vermitteln muss. Vielleicht noch ein paar adverbiale Bestimmungen und, wenn wir richtig gut durchkommen, mal das ein oder andere Verb beugen. Fertig ist die Laube.

„... da muss man einfach binnendifferenziert vorgehen, nicht wahr, Herr Schröder?" Frau Windkamp guckt fragend in die Kamera und zieht die rechte Augenbraue hoch.

Ich stottere: „Ähm, ich habe hier grad ein bisschen Probleme mit der Verbindung gehabt, aber ich kann nur sagen: Top! Also, klappt alles gut, sehr gut sogar, na gut, anfänglich hab ich ein bisschen gehadert mit der Lernplattform und so, das war alles irgendwie Chinesisch für mich, aber ich habe ja den Jan im Kurs und der hat da geholfen."

Frau Windkamp lächelt zufrieden. „Gut, ich halte fest: Trotz kleinerer Mängel, die man auch hier im Chat merkt, hat dieser digitale Probealarm gut funktioniert. Ist doch großartig, dass man mittlerweile einfach von zu Hause aus miteinander in Kontakt treten kann, also ich finde das klasse!"

70 Quadrate klopfen lautlos auf ihre Schreibtische.

Frau Windkamp lächelt. „Ich bin gespannt, was wir mit diesem Enthusiasmus und dieser Veränderungsbereitschaft in Zukunft noch erreichen können, und freue mich auf eure Ideen und die Synergien, die hier noch freibrechen werden. Der digitale Klassenraum wächst und gedeiht. Mich macht das alles total hoffnungsvoll und happy. Wer sagt denn, dass man für den Unterricht in einen alten, asbestverseuchten 6oer-Jahre-Zweckbau gehen muss, um da seine Zeit abzusitzen? Ja! Ich sehe VR-Brillen, augmented reality, gamification! Die Grenzen sind nur hier oben." Sie deutet auf ihre Stirn. „Frontalunterricht war gestern, die Feuerzangenbowle ist erloschen, Heinz Rühmann schon lange tot. Lang lebe die moderne Pädagogik."

Sie breitet ihre Arme aus.

„Natürlich werden wir da bei manch besorgter Mutter oder bei dem ein oder anderen – ich sag mal – ‚zukunftsfeindlichen' Vater auf Granit beißen. Doch ich habe eine Vision: Ich sehe internationale online learning communities. Schüler:innen unterrichten Schüler:innen. Der Michael aus Böblingen versteht binomische Formeln? Super! Dann kann er das dem Jacques aus St. Germain erklären, und zwar auf Augenhöhe! Ich sehe eine globale Schulvernetzung. Vom Deutschen Eck bis zur Chinesischen Mauer! Warum nicht? Eine Mauer ist ja auch eine Wand. Und das Wort Wandel besteht zu 80 Prozent aus …"

Ich klappe meinen Laptop zu und schüttle den Kopf.

Mach die Kamera aus, wenn folgende Aussage NICHT auf dich zutrifft: Ich denke, dass die Schule bei Frau Windkamp in guten Händen ist.

Kapitel 9

Lehrersport

Freitag, 14 Uhr. Turnhalle.

Trillerpfeifen-Theo dehnt sich an einem Mattenwagen. Ich sitze auf einer dieser langen Holzbänke, binde mir die Schuhe und bin damit konditionell eigentlich schon fast bedient für heute. Kuschel-Ursel walkt im Kreis, und ihre neuen Turnschuhe quietschen über den Boden. Steffen und Zeynep werfen einen Medizinball hin und her. Ich stehe auf und imitiere Dehnübungen. Trillerpfeifen-Theo schaltet die Bluetooth-Box ein. Das Rocky-Thema dröhnt durch die Halle. Plötzlich öffnet sich hinter mir die Tür. Frau Windkamp kommt hereingespurtet.

„Anne, schön, dass du's einrichten konntest!", ruft Theo quer durch die Halle.

Frau Windkamp bindet sich einen Zopf, schaut mich an und sagt: „So 'ne MILF wie ich muss ja auch auf ihren Booty achten."

Ich lache verkrampft und dehne meine Wade.

Theo klatscht in die Hände. „So, Leute, ich wollte noch kurz euer Einverständnis einholen … Wie ihr seht, ist heute der Jan aus der Oberstufe dabei, und der wird uns ein bisschen filmen für die Instagram-Page der HFG." Jan nickt unsicher in die Runde. Wir applaudieren kurz und geben unser Einverständnis. „So, genug geschnackt, let's get ready to rumble!", ruft Theo und macht die Bluetooth-Box lauter.

Automatisch fangen alle an, im Kreis zu laufen. Vorsichtig reihe ich mich ein. Bei Sportveranstaltungen waren es immer schon die sozialen Aspekte, die mir besonders lagen. Ich bin vielleicht nicht so fit am Barren, aber ich kann Gruppen *lesen*. Wer mit wem, wieso und weshalb. Instinktiv verstehe ich die jeweilige Dynamik und Hierarchie der Gruppe und verhalte mich entsprechend. Völlig offensichtlich, dass Frau Windkamps Teilnahme nur ein tumber Fraternisierungsversuch in Richtung Kollegium darstellt. Dieses inzestuöse Schulfamiliennarrativ ist ja nichts weiter als eine neoliberale Märchenrhetorik, die uns zu noch effizienteren Arbeitsbienen im Ameisenbau der Gesellschaft ... Okay, schiefes Bild, sorry, boah, ist das anstrengend ... Seit zehn Minuten laufen wir jetzt im Kreis, ich bin völlig außer Atem.

„Super! Jetzt kommt mal bitte alle zusammen", ruft Theo ohne den Hauch einer Anstrengung in seiner Stimme und winkt uns zu sich heran. Gute Kondition zeigt sich ja vor allem daran, wie schnell man nach getaner Anstrengung wieder zu einem normalen Puls zurückfindet, denke ich keuchend und wische mir den Schweiß von der Stirn.

Theo faltet die Hände vor der Brust.

„Die Welt ist in konstantem Wandel. Alles ändert sich

permanent. Das mag Angst machen. Wie eine gute Freundin von mir mal gesagt hat: Das Wort Wandel besteht zu 80 Prozent aus Wand." Er zwinkert Frau Windkamp zu. „Und in der Wand bin ich zu Hause. Wie viele von euch wissen, geh ich jetzt seit einem Jahr bouldern, also klettern quasi, obwohl da schon noch ein Unterschied besteht, aber darum soll es jetzt nicht gehen."

Er geht zu seiner Tasche und holt ein Tablet raus.

„Leute, ich bin richtig doll aufgeregt. Jetzt kommt nämlich die große Überraschung: Ich darf euch das neueste Feature in – ich sag mal – *meiner* Turnhalle vorstellen."

Er tippt auf das Display, und eine Trennwand fährt hoch. Vor unseren Augen erscheint ein gut und gerne 100 Quadratmeter großer Bereich mit diversen Kletterwänden in verschiedenen Höhen, ein großer Trainingsbereich mit Hanteln und Klimmzugstangen und neben einem geschickt positionierten Wasserspender noch eine Proteinshake-Bar in der Ecke. Der Boden ist komplett mit Matten ausgelegt, und an zentralen Punkten liegen Magnesiumsäckchen. Hier hat ein Innenarchitekt seine persönliche Sixtinische Kapelle ins PVC gezimmert.

Theo versucht seinen Stolz zu überspielen. „So, ihr habt ja die Mail bekommen. Haben alle ihre Boulderschuhe mit?" Alle nicken und gehen zu ihren Taschen.

„Ähm, ganz kurz mal", ich hebe vorsichtig die Hand. Alle drehen sich nach mir um. „Theo, das wirst du vom Klettern kennen, mein Computer ist nämlich *abgestürzt*, und deshalb habe ich die Mail leider, also, ich hab keine Schuhe dabei zum Klettern."

Theo zeigt auf den Geräteraum und sagt: „Gar kein The-ma, Schrödinger, für die Turnbeutelvergesser habe ich immer noch welche im Lager."

Ich trotte zum Geräteraum. Als ich zurückkomme, sind die meisten schon in der Wand. Theo gibt hier und da Hilfestellung, aber eigentlich scheinen alle gut zurecht-zukommen.

Theo dreht sich zu mir und sagt unnötig laut: „Pass auf, Schrödi, es gibt verschiedene Schwierigkeitsgrade. Sor-tiert nach Farben. Schwarz ist die schwierigste, weiß die leichteste Route."

Ich mustere die verschiedenen Kletterrouten. „Ach, nach Farben sortiert? Also ein bisschen wie bei den Chips? Dann wäre für mich wohl die blaue Route, nehme ich an." Ich greife in ein Magnesiumsäckchen und klatsche in die Hände. Eine weiße Wolke wird aufgewirbelt, und ich muss husten.

Theo stemmt die Hände in die Hüften. „Na ja, Schrödi, wie viel Erfahrung hast du denn? Blau ist schon relativ an-spruchsvoll. Tob dich doch erst mal da vorne aus, an der Kinderwand." Er zeigt in die Ecke, wo eine 1,50 Meter hohe, mit Dinos bemalte Sperrholzpyramide aufgebaut ist. Alle lachen.

Wütend schmeiße ich den Magnesiumbeutel zu Boden.

„So, jetzt reicht es mir hier. Was ist das? Soziales Brenn-ball oder was? Bin ich euer Clown? Hab ich 'ne rote Nase im Gesicht?"

Alle schweigen und starren mich an.

„Seit Jahren liege ich der Schulleitung in den Ohren damit, dass wir mal neue Tische brauchen, ey, da kleben Kaugummis darunter von Marken, die gibt's gar nicht mehr! Und kaum lässt Trillerpfeifen-Theo die Gebirgskette auf seinem Unterarm tanzen, macht Frau Windkamp hier direkt die Brieftasche auf für die, äh die, die hängenden Klettergärten von Babylon!" Ich applaudiere ironisch. „Toll, Theo, ganz toll. Wirklich ein prächtiger Pavianfelsen!"

Frau Windkamp springt aus der Wand und richtet ihren Zeigefinger auf mich.

„Herr Schröder!" Ihre Stimme hallt von den Wänden zurück. „Ihr Verhalten ist vollkommen deplatziert! Nicht genug, dass Sie mich sexuell belästigen, indem Sie mich vor dem Kollegium als ‚MILF' bezeichnen, nein, jetzt werfen Sie Theo und mir auch noch vor, dass wir hier gemeinsame Sache machen für irgendeinen Selbstzweck. Das ist an Unverfrorenheit kaum zu überbieten. Auf Ihre fachliche Inkompetenz möchte ich jetzt gar nicht erst eingehen, aber ich glaube, wir sollten noch mal ganz genau untersuchen, wie sich Ihre Zukunft hier an der HFG gestalten wird."

Während dieser Hasspredigt hat Theo sich ganz unbemerkt in Frau Windkamps Nähe begeben, um jedes ihrer Worte mimisch zu bekräftigen. Jetzt möchte er anscheinend auch noch was hinzufügen.

„Wirklich ganz, ganz mieser Stil, Schrödi. Du hast doch nur Angst vor der Wand und willst dich wieder mal rausreden."

Ich krempele meine Ärmel hoch, greife in einen der herumliegenden Magnesiumbeutel und klatsche in die Hän-

70

de. Umhüllt von einer weißen Magnesiumwolke, gehe ich auf die Wand zu und wähle die schwarze Route. Alle machen Platz. Ich positioniere mich unterhalb der Route und visiere mein Ziel an. „So, wo geht's denn hier los?"

Zögerlich platziere ich meinen linken Fuß auf dem ersten kichererbsengroßen Kunststoffpinökel auf Hüfthöhe und steige ein.

Theo ruft von der Seite: „Sehr gut, auf die vorderen Zehenspitzen, und die Kraft kommt fast ausschließlich aus den Beinen! Die Arme halten dich nur. Einfach hochfedern!"

Meine linke Hand erreicht den ersten Haltegriff. Ich hänge mich komplett rein, und meine Füße rutschen weg. Worauf habe ich mich da nur eingelassen? Über mir spüre ich schon die Aasgeier kreisen. Unwillkürlich fühle ich mich an meinen absoluten Lieblingsfilm von Hitchcock erinnert: „Vertigo". Wie James Stewart da am Kirchturm hängt. Unglaublich spannend. Was für ein Genie, dieser Hitchcock. Und dann auch mit diesen Cameo-Auftritten, dass der immer irgendwo selber zu sehen ist, einfach kultig. Aber dick war der. Gott, war der dick. Und klein. Der wäre hier keinen Meter weit gekommen. Auch nicht an der Dino-Wand.

„Was ist los, Schrödi? Hast du etwa Angst vor deiner eigenen Größe? Sei die Veränderung, die du in der Welt möchtest", ruft Theo.

Ich federe mich hoch zum nächsten Haltegriff und sage luftarm: „Weißt du, Theo, das Wort ‚Sportlehrer' besteht ja zu null Prozent aus ‚Esprit'!" Meine orientierungslosen

Käferbeine fischen nach dem nächsten Kunststoffwobbel. „Und auch in ‚Vandalismus' steckt zu vierzig Prozent ‚Wand'", setze ich keuchend nach.

Zeynep lacht laut auf und hält sich die Hand vor den Mund.

Verzweifelt trete ich nach dem nächstgelegenen Haltegriff. Ein lautes Knacken dringt durch die Turnhalle. Meine Hände greifen ins Leere.

Als ich wieder zu mir komme, sehe ich in das von braunen Locken eingerahmte Gesicht von Zeynep. „Alles okay, Schrödi?"

Ich scanne meinen Körper. „Wie lange war ich weg?"

Zeynep guckt auf ihre nicht vorhandene Armbanduhr. „Na ja, du bist einfach hier runtergefallen. Du warst nicht bewusstlos!"

Theo kommt mit einem Verbandskasten angespurtet. Keuchend sagt er: „Ah, gut, du bist anscheinend okay."

Ich springe auf.

„Nix bin ich! Sag mal, was ist denn das hier für eine unsichere Scheiße! Ist die Wand aus Knäckebrot oder was? War hier überhaupt mal irgendeiner vom TÜV und hat sich das angeguckt?"

Frau Windkamp zieht die Augenbrauen hoch und guckt zu Theo.

Er sagt: „Schrödi, du hast da wie ein Berserker gegengetreten, da musst du dich nicht wundern."

Fassungslos schaue ich mich um und suche nach Verbündeten, aber alle drehen sich weg. Nur Zeynep hält meinem Blick stand und zieht die Schultern hoch. Ich schreie:

„So ein Blödsinn, der verfickte Haltegriff hat von alleine nachgegeben!"

Steffen hüpft von der Matte und schlendert Richtung Ausgang.

Ich rufe: „Halt, Steffen, niemand verlässt den Raum! Das ist ein Tatort, und ihr seid alle Augenzeugen."

Steffen stemmt die Fäuste in die Hüften. „Also, ich hab nix gesehen."

Auch Frau Windkamp, Theo und Kuschel-Ursel schütteln den Kopf.

Ich schaue zu Zeynep.

Sie springt mir tatsächlich bei. „Ja, Schrödi hat schon recht, besonders stabil wirkt das nicht."

Theo verschränkt die Arme. „Gut, aber wie sollen wir den Unfall rekapitulieren, wenn niemand was gesehen hat?"

Man hört nichts, bis auf das sonore Rauschen der Lüftungsanlage und das leise Plätschern des Wasserspenders.

Im hinteren Bereich der Halle räuspert sich jemand. Wir reißen unsere Köpfe rum. Jan sitzt auf dem Boden, hält sein Handy hoch und sagt: „Ich glaub, ich hab alles drauf."

Kapitel 10

Luft und Lidl

Klickmillionär wird man nicht von heute auf morgen. Das will langsam aufgebaut werden. Der Popularitäts-Aktienmarkt im Internet ist schnelllebig, und wer heute ganz oben ist, kann morgen schon wieder out sein. Da ist es wichtig, eine nachhaltige Basisarbeit zu leisten. Quasi ein Klickfundament zu legen. Und es reicht nun mal nicht, im Unterricht den coolen Pauker zu mimen, man muss auch zwischen den Stunden punkten und den Schülern da begegnen, wo sie sind.

Ein wichtiger außerschulischer Versammlungsort ist ein verlassenes Bushaltestellen-Wartehäuschen neben dem Mitarbeiterparkplatz unten am Lidl. Dort sitzt die Oberstufe, ohne jegliche Reiseabsicht, und schlägt die Zeit tot – oder gibt ihr zumindest einen ordentlichen Klaps. Wir Lehrer haben uns da noch nie hingetraut. Jedenfalls bis heute.

Binnen weniger Wochen haben die Schülerinnen und Schüler von diesem Ort flechtenartig Besitz ergriffen. Schnell hat sich durch kontrollierte Spuckattacken ein veritables Wasserloch gebildet, in welchem sich Sonnenblumenkerne und Zigarettenkippen ein heiteres Stelldichein geben. Der klassische Boomer wüsste gar nicht, wie man sich hier angemessen verhält. Was würde man mit seinen Händen machen, wo dürfte man wie sitzen, worüber würde man sprechen? Klar, im Schulgebäude sind einem die Hierarchien und Abläufe in Fleisch und Blut übergegangen, aber hier in der freien Natur sind die Gesetzmäßigkeiten völlig unbekannt, und man würde schwer vermittelbar orientierungslos herumstehen. Und die Kids würden eher ihre Jacken an dir aufhängen als ein Gespräch mit dir anfangen.

So viel ist klar: Der Anführer ist immer der, der auf der Lehne sitzt, also höher als alle anderen und natürlich mit den dreckigen Sneakern auf der Sitzfläche. Selbst wenn wir in der Mensa nur noch Doppelwhopper, Slush-Eis und Hashbrownies anbieten würden, kalten Curryking und 1,5 Liter Freeway-Cola unten am Lidl würden die Kids stets allem vorziehen. Fernab vom CCTV der Lehreraugen schmecken sogar rohe Instantnudeln nach Freiheit und Selbstbestimmung.

Es gibt zwei Sachen im Universum, die immer einen Weg finden: Wasser und Teenager. Der zügellose Geist bricht sich Bahn und ist nicht aufzuhalten. Da kann auch ein Bushaltestellenhäuschen ein Zuhause sein. Dieses von Shisha-Qualm umwölkte, suburbane Biotop nennen die Schülerinnen und Schüler liebevoll ihr „Habibitat".

Auch wenn mir der Sturz von gestern noch etwas in den Knochen steckt, begebe ich mich heute in dieses fremde

Hoheitsgebiet. Um nicht zu sehr aufzufallen, sitze ich noch auf dem Parkplatz in meinem Auto und beobachte die Schülerinnen und Schüler von Weitem. Etwas umständlich kaue ich auf den Sonnenblumenkernen herum, die ich mir im Lidl gekauft habe. Wie isst man die eigentlich?

Jemand klopft an meine Scheibe. Ich kurbele sie herunter.

„Entschuldigung, aber Sie können hier nicht stehen."

Ich unterbreche den Sicherheitsmann. „Jaja, ich weiß, hier ist nicht mein Habibitat, aber schon okay, ich bin Influencer und dienstlich hier." Ich zeige ihm meinen Lehrerausweis und den blauen Türchip. „Ich komme bloß meiner Aufsichtspflicht nach."

Er runzelt die Stirn und greift an seinen Gürtel. „Keine Ahnung, wovon Sie reden, jedenfalls ist das hier ein Mitarbeiterparkplatz. Stellen Sie sich bitte woanders hin."

Ich nicke ergeben, starte den Wagen, parke ihn um die Ecke und schlendere zurück.

Torben-Manuel kommt mir auf einem E-Roller entgegen.

„Torben, was machst *du* denn hier? Und warum bist du motorisiert?"

Er hält kurz an, beißt auf seine Kaugummizigarette und sagt: „Tja, Herr Schröder, ich parshippe jetzt."

Dann fährt er weiter. Fassungslos schaue ich ihm nach, bis seine Silhouette am Horizont verschwimmt. Auf 12 Uhr erkenne ich das Wartehäuschen. Ich nähere mich von Südwesten. Im Bauch spüre ich bereits die ersten Bässe aus der

Boombox. Den hyänenhaften Lachsalven nach zu urteilen, sind mindestens eine Handvoll euphorisierter Teenager vor Ort.

Noch 50 Meter. Ich fische die Sonnenblumenkerne aus der Innentasche und wuschele mir durch die Haare. Ist Kragen aufstellen eigentlich noch ein Thema? Zu meiner Zeit hatten das alle. Ab in die schnellen Stiefel und dann Boogie-Woogie, teilweise bis halb eins und so.

Noch 10 Meter. Ich wage den Erstkontakt. „Hey, Leute, was geht?"

Niemand nimmt Notiz von mir. Ich lehne mich cool an eine Laterne und werfe mir einen Sonnenblumenkern in den Mund.

Anastasia bemerkt mich. „Oh fuck, Leute, seht mal, wer da ist." Alle reißen ihren Kopf zu mir herum und seufzen.

Ich sage: „Na, Kids, was geht ab?" Ihrer Reaktion nach zu urteilen, habe ich atmosphärisch wohl gerade den Badewannenstöpsel gezogen. Jetzt zählt jede Sekunde. „Vielleicht könnt ihr mir ja helfen, ich checke einfach nicht, wie man diese Sonnenblumenkerne essen muss. Mit Schale? Ohne? Wie knackt man die?"

Die sieben Teenager sitzen stumm da, als würden sie für eine Langzeitbelichtung posieren. Bis Justin sich schließlich meiner erbarmt. „Sie müssen einfach auf die Sollbruchstelle beißen. Und dann den Kern mit der Zunge rausziehen. Ist ganz easy."

Ich nähere mich vorsichtig. „Cool. Wollt ihr welche?"

Alle schütteln den Kopf. „Nee, danke, wir mögen die gar nicht so sehr", sagt Murat.

„Ich würde euch voll in Ruhe lassen hier eigentlich, aber eine Sache, die ihr letztens so nebenbei erwähnt habt, will mir einfach nicht aus dem Kopf gehen."

Murat flüstert Justin zu: „Oh man, jetzt geht's bestimmt wieder um diese Klickmillionär-Geschichte."

Justin vergräbt sein Gesicht in den Händen.

Ich lasse mich nicht beirren. „Anastasia, du meintest doch letztens, man kann irgendwie bei Instagram oder so ... so Likes ... äh ... *kaufen* ... Wie geht denn das?"

Anastasia schaut mich unverwandt an und lässt eine Kaugummiblase platzen.

Justin klatscht in die Hände. „Ach, Herr Schröder, wenn Sie einfach noch mal die Frau Windkamp in 'ner Insta-Story oder so als geile ‚MILF' bezeichnen würden, dann kämen die Likes von ganz alleine."

Die Hyänen lachen auf und werfen sich ihre Rucksäcke über die Schulter. Woher wissen die das bitte? Na toll, das haben wir jetzt von unserer open door policy.

Anastasia sagt: „Na ja, Herr Schröder, wir müssen dann auch mal weiter. Schön, dass Sie hier waren." Dann verschwindet sie. Die anderen folgen ihr, und das Habibitat wird für heute aufgelöst.

Ich sehe ihnen nach, beiße auf einen Sonnenblumenkern und knacke ihn. „Ah, okay, jetzt hab ich's! Lecker!", rufe ich ihnen noch hinterher.

Kapitel 11

Offline im Schwarzwald

Das Schuljahr läuft noch gar nicht so lange, trotzdem fiebern alle schon eine geraume Zeit unserem Ausflug in den Schwarzwald entgegen. Die Irrungen und Wirrungen im Schulgebäude mal für ein paar Tage hinter sich lassen, frische Luft schnappen, Pilze sammeln und vielleicht das ein oder andere Kaltgetränk mit Biergeschmack verhaften. Entsprechend gut gefüllt ist der Lehrerparkplatz. Außerdem sind natürlich alle total neugierig auf die neue Schulleiterin und wie die so *privat* ist. Deshalb ist fast der gesamte Stab anwesend und mehr als bereit für das pädagogische Wochenende im Schwarzwald.

Busfahrer Hans-Jürgen beißt schlecht gelaunt in seine Bifi-Roll. Obwohl wir alle schon vor dem Reisebus stehen und es an diesem Mittwochmorgen ungewohnt frisch ist, lässt er die Türen zu. Vereinbart war 11:00 Uhr, und es ist erst Viertel vor. Diese Viertelstunde gehört noch ihm.

Sogar Zeynep aus der Kantine hat sich – sehr zu meiner Freude – mit ihrem kleinen Rollkoffer (hihi, Bifi-Rollkoffer) auf dem Parkplatz eingefunden und raucht eine

Selbstgedrehte. Plötzlich saust ein Korken durch die Luft. Vietnam-Flashback. „Ist die Windkamp schon da?", rufe ich erschrocken und ducke mich.

Kuschel-Ursel hält mir ein sprudelndes Sektglas vor die Nase. „Hier, Schrödi, was Perliges für zwischendurch."

Die Bustüren öffnen sich. Hans-Jürgen steigt aus und pafft eine E-Zigarette. Ich stürze den Sekt runter und sehe im Augenwinkel meinen Deutschkurs an uns vorbeilaufen. Die freuen sich natürlich alle über die Freistunden.

Justin ruft: „Herr Schröder, gute Fahrt und nachts im Schwanzwald dann die Hände schön über der Decke lassen, ne?"

Ich proste ihnen zu. „Keine Angst, Leute, in meinem Alter muss man das nicht mehr selber machen."

In dem Moment biegt Frau Windkamp auch um die Ecke und schaut mich irritiert an.

Ich zeige auf Hans-Jürgen. „Also, Busfahren meine ich."

Er guckt mich brummig an. „Was soll das denn heißen?"

Zeynep hievt ihren Rollkoffer in den Bus. Eine mir willkommene Ablenkung.

„Hey, Zeynep, brauchst du Hilfe?"

Sie befördert den Koffer mit einem Ruck auf die Gepäckablage. „Danke, geht schon."

Ich zeige auf den Platz neben ihr. „Ist da noch frei?"

Wenig später rollt der Reisebus über die spärlich befahrene Bundesstraße, und das Kollegium schlummert leicht angeschickert vor sich hin.

„Ich find's einfach toll, dass ihr auch mal mit dabei seid", sage ich zu Zeynep.

„Wen meinst du denn mit *ihr*?", fragt sie und schaut mich ernst an.

„Na, die Leute an der HFG, die nicht Lehrerinnen und Lehrer sind. Also, die sind ja auch total wichtig, Büro, Kantine, die Waschräume – wie die Heinzelmännchen und Heinzelweibchen arbeitet ihr da im Verborgenen ... Für mich seid ihr die eigentlichen Helden."

Sie legt ihre Hand auf meinen Arm.

„Ist schon okay, Schrödi, entspann dich ruhig. Ich war auch überrascht, als Frau Windkamp mich eingeladen hat. Sie meinte was von Synergieeffekten und Herzrasen oder so. Hab's nicht ganz verstanden, aber ich freu mich total." Wir schauen uns kurz an, und ich muss lächeln.

QUIEEEEEEETSCH.

Offenbar wurde das Bordmikrofon eingeschaltet.

„So, Leute, toll, dass ihr alle da seid, bitte erst mal durchzählen. Vermisst jemand seine:n Banknachbar:in?" Alle gucken sich um. „Nein, Spaß, ich will jetzt gar nicht zu viele Worte verlieren, aber toll, dass ihr alle ... Ach, das hatte ich schon ..." Frau Windkamp guckt auf einen Zettel. „Jedenfalls wird das eine ganz tolle analoge Fahrt in den Schwarzwald, und noch mal ein großes Danke, dass ihr alle eure Handys so bereitwillig zu Hause gelassen habt. Das einzig Elektrische hier ist jetzt nur noch die E-Zigarette von Hans-Jürgen."

Zeynep deutet auf Frau Windkamp und flüstert mir zu: „Und ihr Vibrator."

Ich lache laut auf und tippe Kuschel-Ursel auf die Schulter. „Hast du gehört, was Zeynep gerade gesagt hat?"

QUIEEETSCH.

„Sobald sich die Spaßvögel dahinten in der letzten Reihe vielleicht mal beruhigt haben, komme ich noch zu einem anderen *wichtigen* Thema: die Zimmerverteilung."

Ich gucke Zeynep auffordernd an und ziehe die Augenbrauen hoch. Sie kichert. Kuschel-Ursel lässt die Luft aus meinem Glas.

„Na klar, wir sind alle keine Teenager mehr, und Geschlechtertrennung ist total 2013. Aber das Kultusministerium hat das Thema grad ganz oben auf der Agenda. Ihr wisst ja, was es für Zeiten sind." Alle nicken, weil sie wissen, was für Zeiten es sind. „Sprich: Männer unter sich, Frauen unter sich."

Theo steht auf und haut auf die Kopflehne vor ihm, Staub wirbelt auf. „Kein Handy, keine Weiber, das wird die Hölle!" Beifall heischend blickt er sich um.

Alle lachen. Auch Frau Windkamp. „Danke für diesen charmanten Einwurf, Theo. Wir haben ein prall gefülltes Programm, also glaub mir, langweilig wird uns nicht." Sie guckt auf ihr Klemmbrett. „Du bist übrigens mit Herrn Schröder auf einem Zimmer."

Zeynep kneift mir in die Wange. „Das sind doch tolle Nachrichten, oder?" Ich lache verkrampft.

Theo ruft: „Ich und Schrödi auf einem Zimmer? Die Zweck-WG des Grauens. Aber na gut, du darfst mir nachts Gedichte vorlesen, wenn du dann auch morgens beim Frühsport dabei bist." Er stellt sich in den Gang und macht Kniebeugen. Die Meute jubelt.

Ich stehe auf.

„Theo, ich bin fit wie der redensartliche Turnschuh, mach dir da mal keine Sorgen. Außerdem, was soll ich jemandem wie dir nachts vorlesen? Achilles' Verse oder was?"

Großes Gelächter, Kuschel-Ursel schwingt ein Handtuch über ihrem Kopf, keine Ahnung, woher sie das jetzt hat.

Theo stützt seinen rechten Ellenbogen herausfordernd auf die Kopflehne vor sich und ruft: „Ach ja? Fit bist du? Dann komm mal ran."

Ich öffne die Knöpfe am Ärmel und kremple selbigen langsam hoch.

Noch ein letzter Blick zu Zeynep. Sie nickt ermutigend und hält gespielt ihre Tränen zurück. Ich wende mich ab und mache mich auf den Weg nach vorne zu Theo. Kuschel-Ursel legt mir ihr Handtuch über die Schultern. Frau Windkamp, die sich inzwischen mit der Unterbrechung abgefunden hat, beugt sich zu Hans-Jürgen rüber und sagt: „Machen Sie doch mal 'n bisschen Musik an." Er zuckt lakonisch mit den Schultern und drückt auf einen Knopf. Es dringt Musik aus den Boxen, welche Kuschel-Ursel schon nach wenigen Takten lautstark als „Die Amigos!" zu identifizieren weiß. Alle klatschen im Rhythmus. Unsere Namen werden skandiert. „THEO! THEO! THEO! THEO!" „SCHRÖDI!" Auf Theos rechtem Oberarm sehe ich sein pulsierendes Schlangentattoo, jede Sekunde bereit zuzubeißen. Sein Bizeps dick wie ein Dönerspieß, Hände so groß wie Klodeckel, Adern wie Gartenschläuche. Ich verlangsame meinen Gang.

Er haut abermals auf die Kopflehne. „Nun komm, du

Kastanienmännchen, dir hängen da zwei Fäden ausm Ärmel, ach nee, das sind ja deine Arme."

Alle rasten völlig aus. Die Stimmung ist am Siedepunkt. Ich knie mich auf den Sitz hinter Theo, und meine rechte Hand greift in seine. Entschlossen stütze ich meinen zitternden Ellenbogen auf die Kopflehne. Jeder verschränkt seine linke Hand hinterm Rücken. Das letzte Mal Armdrücken ist bei mir gut und gerne 25 Jahre und 16 Kilo her. Und ich habe gewonnen damals – moralisch.

Theo reißt mich aus meiner Erinnerung. „Also los, auf drei! Eins …"

Hans-Jürgen dreht die Musik leiser.

„Zwei …"

Theo guckt mir tief in die Augen.

„DREI!"

Plötzlich klingelt ein Handy. Erschrocken halten wir inne. Alle horchen auf. Beethovens Neunte dudelt polyphon durch die Buskabine. Kuschel-Ursel läuft rot an. „Ich dachte, das wäre okay, weil das kein Smartphone ist, ich kann damit gar nicht ins Internet oder so … nur falls zu Hause was ist …" Steffen nähert sich ihr und hält ihr kommentarlos eine graue Plastikbox vor die Nase. Schuldbewusst legt sie das Handy hinein.

Zeynep springt auf. „Was ist jetzt mit dem Duell zwischen Theo und Schrödi?"

Ich hebe beschwichtigend die Arme. „Einigen wir uns auf unentschieden."

Theo lässt die Knöchel knacken und flüstert mir zu: „Fortsetzung folgt, mein Freund."

Ich begebe mich zurück an meinen Platz. Zeynep hat sich im mittleren Teil des Busses einer Gruppe Junglehrerinnen und Junglehrern angeschlossen und ist lachend ins Gespräch vertieft. Am Platz angekommen, lehne ich meinen Kopf an die kühle, vibrierende Scheibe.

Die Fahrbahnmarkierungen ziehen wie große weiße Gedankenstriche an mir vorbei. Das Stimmengewirr um mich herum verschwimmt zu einem embryonalen Grundrauschen.

Meine Augen fallen zu.

25 Yorkshireterrier umkreisen eine Statue von Reinhold Messner. Er hat das Gesicht von Theo. Ihre Leinen verheddern sich, und die Statue fällt um. Plötzlich kommt ein grüner Chevrolet angefahren, am Steuer sitzt Anne Windkamp, die Kühlerfigur ist Zeynep. Sie ruft: „Nach 21 Uhr bitte vorne einsteigen!" In letzter Sekunde kann ich dem Auto ausweichen und lande in einem bunten Bällebad. Das Google Chrome Logo ist auf die Bälle gedruckt. Rot, grün, gelb und in der Mitte blau. Ich versuche nach ihnen zu greifen, doch bevor ich sie in die Finger bekomme, verwandeln sie sich in riesige Wollmäuse. Ein überdimensionierter Saugroboter erscheint über mir, und wir werden in sein Inneres gezogen. Dort begegnet mir Jan. „Herr Schröder, Sie müssen den Datenträger sicher entfernen." Auf seiner Stirn seh ich ein Minimier-Zeichen, ich klicke drauf, und er verschwindet. Anastasia, Murat und Justin stehen neben mir und sprechen im Chor: „Herr Schröder, warum haben Sie das getan? Sie müssen ihn zurückholen. neloh kcüruz nhi nessüm eiS." Ich versuche eine Entschul-

digung an die Tafel zu schreiben, doch die Kreide ist eine Snackmöhre. Als ich mich umdrehe, schaue ich auf die Klasse, aber da, wo die Kinder normalerweise sitzen, sind jetzt große Monitore. 25 Bildschirmschoner. Koi-Karpfen im Aquarium. Ich versuche zu sprechen, doch ich kriege keinen Laut heraus. Jemand ruft: „Ihr Mikro ist aus." Ich will schreien, doch mein Gesicht friert ein. „Sie müssen den Datenträger sicher entfernen!", ruft Justin. Dann erscheint auf einem Bildschirm ein Fenster. Zeynep lächelt mich an und sagt: „Heiße Singles aus deiner Umgebung suchen Sofortkontakt! Musst du vielleicht auch mal auf Toilette?"

Jemand rüttelt mich am Arm.

Ich schrecke auf. „Was?!"

Zeynep steht vor mir. „Schrödi, du bist eingeschlafen, wir machen grad 'ne Pinkelpause, musst du auch?"

Ich wische mir durchs Gesicht und fahre mir durch die Haare. „Ja, lass uns kurz aussteigen, wir müssen den Datenträger sicher entfernen."

„Was?"

„Nichts."

Kapitel 12

Währenddessen im FB-Messenger

Jan: So, hier sollten wir sicher sein

Murat: Leude

Anastasia: Was geht

Murat: Voll krass

Justin: Ja sag halt

Murat: War eben an der Schule

Jan: Wieso? Wir haben frei UND die Lehrer sind weg

Justin: Weirdo

Murat: ne wir wollten nur bisschen Tischtennis spielen

Anastasia: Ja und dann?

Murat: ja plötzlich kamen da so drei schwarze Vans

Zoey: die skateschuhe?

Murat: Ne so Lieferwagen

Anastasia: mega creepy

Zoey: voll

Torben-Manuel: kurz off topic, was müssen wir für Montag in bio machen?

Justin: Sexualkunde

Torben-Manuel: Und was?

Justin: Du sollst deine Mutter ficken

Anastasia: justin chill ma

Torben-Manuel: -.-

Jan: WIE GEHT MURATS STORY WEITER

Murat: Ja nix, sind weggelaufen

Jan: Hast du die Kennzeichen aufgeschrieben?

Murat: seh ich aus wie James Bond?

Justin: ne eher paw patrol

Murat: Wo sind die lehrers eig?

Justin: Schwanzwald

Anastasia: Mir egal, wo die sind, hauptsache Schrödi kommt nicht mehr ins Habibitat

Murat: das war soooo unnötig

Jan: Wann soll ich sein video raushauen?

Justin: Warte noch, sein insta ist noch nicht so weit. Wir haben die Seite gestern erst erstellt.

Zoey: stell das Video doch ma hier rein bitte. Will sehen.

Jan: ok

Kapitel 13

Schwarzwaldklinik – Atmen als Chance

„Ladies and Genderfans." Hans-Jürgen hat sich das Bordmikro geschnappt. „Hier spricht Ihr Kapitän Hansjürgen Wussow – kleiner Scherz –, wir erreichen jetzt den Schwarzwald. Zu Ihrer Rechten sehen Sie Nadelbäume, zu Ihrer Linken auch. Dieses dichte Fichtendickicht erstreckt sich über ein Areal von Drölfmillionen Quadratdezimetern. Eigentlich ist der Schwarzwald ein riesiges Manufactum-Outlet. Kultige Kuckucksuhren hier, handgeschnitzte Holzdildos da, hier wird an jeder Ecke gehobelt."

Wir lachen höflich.

Die kleine Landstraße schlängelt sich durch das pittoreske Bergpanorama, vorbei an sprudelnden Bachläufen und hutzeligen Hexenhäuschen. Zeynep sitzt wieder neben mir, und wir schauen aus dem Fenster. Sie hat den Arm bei mir eingehakt, aber ironisch. Wir winken einer Bauernfamilie zu. Sie winkt zurück. Meter um Meter verjüngt sich die Straße. Wenn uns jetzt jemand entgegenkäme, müsste der Bus umständlich in den Graben ausweichen. Der Asphalt ist dem Schotter gewichen, Verkehrsschilder auf Alemannisch würden mich nicht wundern.

Hans-Jürgen schaltet runter in den ersten Gang. Oinker, oinker, quietsch, wackel. Das klobige Ungetüm aus Stahl quält sich um eine enge Haarnadelkurve. Wo zum Teufel sind wir hier gelandet? Gut, dass ich mein Handy nicht dabeihabe, um mich zu ärgern, dass ich kein Netz habe. Eine alte Frau kommt uns entgegen, wahrscheinlich die Dorfjüngste, mit einem Korb Reisig unter dem Arm. Sie schaut uns an und bekreuzigt sich. Vielleicht träume ich ja noch. „Zeynep, kannst du mich mal zwicken?" Mit einem Mal kommt der Bus zum Stehen.

„So, meine Lieben." Frau Windkamp steht im Gang und hat das Bordmikro zurückerobert. „Wir haben unsere End-destination erreicht." Alle pressen ihre Köpfe an die Schei-ben, aber es ist nichts zu erkennen, nichts als rabenschwar-zer Nadelwald. Wir beginnen unsicher zu applaudieren. „Wenn ihr euch jetzt bitte kurz vor dem Bus versammeln könntet, dann laufen wir alle geschlossen zur Berghütte."

Wenig später in der Herberge.

Nachdem wir alle unsere Zimmer bezogen haben und Theo und ich uns darüber einig werden konnten, dass er im Etagenbett oben schlafen darf (Zitat Theo: „Ich kletter auch ungesichert hoch, versprochen!"), sitzen wir nun zu-sammen im Kaminzimmer und spielen „Wer bin ich?". Frau Windkamp in ihrer Rolle als „Ursula von der Leyen" hockt auf der Sessellehne direkt neben Trillerpfeifen-Theo, der einfach nicht auf „Meister Propper" kommen will, und mustert kritisch das gelbe Post-it, welches sie sich gerade von der Stirn gezogen hat. Zeynep war bereits nach drei Fragen auf „Erdoğan" gekommen und ist jetzt entsprechend schlecht gelaunt. Direkt im Anschluss habe ich mit „Kermit der Frosch" lösen können.

„Claudia Roth" beziehungsweise Kuschel-Ursel haut mir auf die Schulter und ruft: „Jetzt gib mir doch mal 'n Tipp!"

Ich überlege und sage dann: „Die Farbe, die ich als Kermit habe, könnte dir weiterhelfen."

Sie runzelt die Stirn. „Grün? Und was soll das heißen?"

Ein Holzscheit knackt im Feuer.

Ursula von der Leyen gibt Meister Propper ein Zeichen. Er springt auf und klatscht in die Hände. „So, wir können nicht ewig warten, bis unsere Grünen-Politikerin mal koalitionsfähig ist. Warum sind wir hier?" Steffen beziehungsweise „Daniel Düsentrieb" rollt ein Flipchart in den Raum.

Kuschel-Ursel ist verwirrt: „Annalena Baerbock?"

Ich schüttle den Kopf.

Meister Propper macht die Merkelraute und hebt weihevoll an: „Ihr fragt euch sicher alle, warum wir hier sind. Drei Tage Schwarzwald ohne Handy? Spinnen die jetzt total? Als Digitalisierungsbeauftragter und angehender Klickmillionär", er schielt rüber zu mir, „kann ich euch sagen: Wer sich in der analogen Welt nicht zurechtfindet, wird auch online immer Außenseiter bleiben. Ziel unserer Exkursion ist es, aus euch allen ...", er lässt seinen Blick durch den Raum schweifen, „kompetente Bewältiger ..." – „innen", fügt Ursula von der Leyen blitzschnell hinzu –, „genau, Anne, danke! Bewältiger:innen der virtuellen Herausforderungen zu machen."

Ich lache laut auf. „Okay, und was ist der Plan? Analoges Moorhuhnschießen?"

Meister Propper gibt Daniel Düsentrieb ein Zeichen.

„Danke, dass du fragst, Schrödi." Steffen schlägt das leere Deckblatt um, und dahinter erscheint eine Seite mit der Überschrift:

A –

N –

A –

L –

O –

G –

Ich rufe rein: „Gut, dass die letzten beiden Buchstaben noch draufgepasst haben."

Meister Propper lässt sich nicht aus der Ruhe bringen. „Jeder Buchstabe steht für einen Tagesordnungspunkt, der uns erwartet."

Steffen zückt einen Permanentmarker und beginnt zu schreiben.

A – Atmen als Chance

N – Natürliche Selbstheilung des Körpers

A – Agnostische Teezeremonie

L – Latschenkiefer: der Wunderbaum

O – Orientalische Gewürze (Schnupperkurs)

G – Glutkreislauf

„Gibt's bis hierhin Fragen?"

Bis auf das Knistern im Kamin hört man nichts. Alle gucken entgeistert auf das Flipchart. Niemand sagt etwas.

Zeynep steht auf. „Ja, Erdoğan möchte was sagen. Ich hatte keine Ahnung, dass das hier so 'ne Art Wellness-Treatment wird. Dafür habe ich nicht unterschrieben. Können wir nicht einfach Minigolf spielen wie alle anderen?" Einige Kolleginnen und Kollegen stimmen ihr zu. Theo dreht sich Hilfe suchend nach Frau Windkamp um.

Die steht auf und breitet ihre Arme aus.

„Keine Sorge, es kann sowieso nicht jeder alles machen. Also, wenn jetzt für den einen oder anderen oder die eine oder andere was dabei ist, wo Mensch denkt, na ja, ich weiß nicht, ob jetzt beispielsweise die agnostische Teezeremonie was für mich ist, dann gibt es zahlreiche Alternativangebote."

Zeynep sagt lakonisch: „Na ja, fünf, um genau zu sein."

„War ja klar, dass Erdoğan das nicht passt", sagt Theo genervt.

Ich stehe auf. „Frau von der Leyen, äh, Frau Windkamp, Sie müssen doch verstehen, dass das alles viel von uns verlangt ist. Zuerst wird die HFG komplett umgestaltet: keine Türen, Chipsystem, Hybridunterricht, digitale Klassenbücher, Smartboards, alles in der Cloud – und jetzt kommt die große Montessori-Erlebnispädagogik zum Anfassen, oder was?"

Das Kollegium klopft zustimmend auf die Naturholztische.

Frau Windkamp fixiert mich mit ernster Miene.

„Wie Theo schon sagte: Wer sich in der analogen Welt nicht zurechtfindet, wird auch online immer Außenseiter bleiben. Dieses Wochenende ist eine Teambuilding Exercise, die uns als Gemeinschaft zusammenschweißen und die digitalen Herausforderungen meistern lassen wird. Es geht um eine Rückbesinnung auf das Eigentliche. Oder, wie heißt es doch so schön? *Werde, der du bist.*"

Kuschel-Ursel springt auf. „Claudia Roth!"

Frau Windkamp sagt lakonisch: „Nee, Nietzsche."

Kapitel 14

Gut gebrüllt, Möwe

7:45 Uhr im Glottertal-Zimmer.

„Stellt euch einfach vor, ihr spaziert mit eurem Brustkorb durch den Wald, um viele wunderbare – ich sag mal – Äpfel zu sammeln. Und ihr wollt den ganzen Brustkorb füllen. Und die Äpfel sind kleine Sauerstoffbläschen. Atmet euch die Äpfel in den Brustkorb."

Acht barfüßige Menschen stehen im Kreis und atmen. Hinter den bodentiefen Fenstern dampft der Schwarzwald vor sich hin. Kursleiterin Irene ist die Art Mensch, für die Funktionskleidung erfunden wurde. Ihr wacher Funktionsblick scannt den Raum. „Ausatmen ist ja so viel wichtiger als einatmen."

Kuschel-Ursel atmet, als ginge es um ihr Leben. Noch zwei Äpfel, und sie hyperventiliert.

„So, jetzt bieten wir dem Atem mal einen Widerstand. Atmet mal alle bitte auf ein ‚F' aus."

Ffffffffffffffffffffffffffffffffff

Nach der Meuterei im Kaminzimmer durften wir die sechs externen Kursleiterinnen und Kursleiter kennen-

lernen. Zeynep und ich haben uns für „Atmen als Chance"
angemeldet, einfach nur, weil wir wissen wollten, was das
ist und wo genau die Chance liegt.

„Stellt euch vor, ihr würdet eine Kerze auspusten.
Ffffffffffffffffff."

Ich bin ziemlich übermüdet, weil Theo letzte Nacht
beim Sammeln der Sauerstoffäpfel eine Kettensäge dabei-
hatte.

„Sehr gut, Herr Schröder, Gähnen ist ja soooo wichtig!"

Plötzlich verstehe ich meine Schüler. Normalerweise
würde jetzt meine Doppelstunde Deutsch beginnen. So
frühmorgens ist doch kein Mensch empfangsbereit. Das
Gehirn ist noch gar nicht richtig wach, und unsereiner
kommt mit der adverbialen Bestimmung des Ortes um
die Ecke. Ist doch absurd, dass wir diese jungen Menschen
dazu zwingen, ihren Biorhythmus so zu übergehen. Nur
weil wir immer noch diesem preußischen Arbeitsethos
nachhängen. Was spricht denn gegen Unterrichtsbeginn
am späten Vormittag? Morgens halb zehn in Deutschland.

Irene klatscht in die Hände. „So, jetzt tut euch bitte mal
in Zweiergruppen zusammen."

Zeynep legt mir schnell einen Arm um die Schulter.
„Na, mein kleiner Boskop, darf ich deine Pink Lady sein?"

Unsere Kursleiterin faltet ihre Hände vor der Brust.
„Nur ein entspannter Körper kann all das aufnehmen, was
uns die lieben Bäume jeden Tag schenken. Ihr wisst, was
ich meine?"

Kuschel-Ursel ruft völlig außer Atem: „Sauerstoff!"

Irene nickt milde.

Gegen 12 Uhr gibt es Mittagessen. Sellerieschnitzel und Süßkartoffelpüree. Das Kollegium schlurft entspannt und bewusstseinserweitert in den Speisesaal. Gesprächsfetzen dringen an meine Ohrmuschel. „Ich wusste gar nicht, dass die Brennnessel so eine Kraft hat." „Kardamom, ich sag's dir! Wir Deutschen kennen ja nur Salz und Pfeffer." „Die moderne Medizin steht der Selbstheilung des Körpers oft im Wege, die Chinesen sind uns da um Lichtjahre voraus." „Die Latschenkiefer hat aus mir einen anderen Lehrer gemacht."

Frau Windkamp ist mir den ganzen Tag noch nicht untergekommen. Wahrscheinlich hat sie sich mit meinem Zimmernachbarn in die Waschräume zurückgezogen. Einmal ordentlich durchschleudern, bitte.

Zeynep und ich tragen unser Essen an einen Platz am Fenster.

„Und, Zeynep, wie findest du es, dass hier mal *du* es bist, die bedient wird?"

Sie lässt ihr Tablett auf den Tisch knallen. „Danke, Schrödi, ich war schon mal auswärts essen." Wir setzen uns.

„Hast du eigentlich die Windkamp schon gesehen heute?", frage ich und beiße in ein Stück Sellerieschnitzel.

„Nee, die ist bestimmt draußen und sucht Netz."

Ich sage mit vollem Mund: „Wir ham dof gar keine Handiffs dabei."

Zeynep lacht. „Ja, wir, das einfache Fußvolk, aber die Obrigkeit verzichtet doch nicht auf ihre mobilen Endgeräte."

Ich schneide ein Stück Schnitzel zurecht. „Uh, Aktenzeichen XY ungelöst. Wie kommst du denn da drauf?"

Sie klaut mir das Stück vom Teller und imitiert die Stimme von Eduard Zimmermann. „Frau Anne W. ist heute morgen gegen 7:14 Uhr an meinem Fenster vorbeigejoggt, mit weißen AirPods in den Ohren. Nach aktuellem Erkenntnisstand würde ich davon ausgehen, dass die nicht mit ihrem Walkman verbunden waren, sondern mit dem Handy."

Ich schaue Zeynep fassungslos an.

„Was ist los, Schrödi? Atmen nicht vergessen!"

Ich knalle das Besteck neben den Teller. „Das kann ja wohl nicht wahr sein."

Zeynep kaut munter weiter. „Überrascht dich das?"

Ich schüttle den Kopf. „Ich dachte, die bumst einfach nur den Theo in der Waschküche."

Zeynep zieht die Schultern hoch. „Das widerspricht sich ja nicht." Ich verschränke meine Arme. Zeynep lehnt sich nach vorne und sagt: „Schrödi, genieß doch einfach den digital detox und folge der Person, die dir gegenübersitzt."

Für einen Moment vergesse ich zu kauen. „Zeynep, wollen wir nicht mal, wenn wir zurück sind, in Ruhe irgendwo nett was essen gehen? Bei mir im Viertel hat ein kleiner Asiate aufgemacht."

Zeynep lacht. „Ja, gerne, welcher Teil Asiens denn? Iran? Afghanistan? Usbekistan?"

Ich lache. „Keine Ahnung, so ein Chinarestaurant halt."

Plötzlich stößt jemand die Schwingtüren des Speisesaals auf. Zeynep deutet mit der Gabel auf die hereinstürmende Person. Ich drehe mich um. „Na, guck mal, Zeynep, wenn man vom Teufel spricht. Was ist *der* denn für eine Laus über die Leber gelaufen?"

Frau Windkamp tippt Steffen auf die Schulter und zischt ihm etwas ins Ohr. Er springt auf, und die beiden verschwinden.

Ich reiße den Kopf herum und schaue Zeynep investigativ an. Sie deutet abermals mit ihrer Gabel in eine Richtung und reißt ihre Augenbrauen hoch. „Guck mal da, der ist, glaub ich, auch nicht happy." Theo steht mit einem Tablett in der Hand in der Ecke und blickt Frau Windkamp und Steffen ungläubig hinterher. Plötzlich ein ohrenbetäubender Pfiff. Theo schaut zu uns. Zeynep nimmt ihre Finger aus dem Mund und ruft: „Hey, verlorener Sohn, komm in unseren Wigwam." Sie winkt ihn heran. Theo guckt zwischen unserem Platz und dem Ausgang hin und her, kommt schließlich zu uns und setzt sich an den Tisch.

„Wie blöd, Zeynep, jetzt bist du schon fertig, und ich komme grade erst."

Ich lache auf. „That's what she said."

Zeynep seufzt laut. „Theo, herzlich willkommen zu unserem Seminar ‚Dad Jokes für Fortgeschrittene'. Ich präsentiere Ihnen unseren Kursleiter Herrn Schröder, der bei jeder noch so unterschwelligen Anzüglichkeit lachen muss."

Leicht beschämt nicke ich in die imaginäre Runde.

Zeynep redet weiter. „Nee, Spaß beiseite, Theo, hast du was mit der Windkamp?"

Theo mustert uns kritisch. „Was? Nee, im Gegenteil."

Ich klinke mich ein. „Jetzt mach hier nicht auf Unschuldslamm. Ich habe doch genau gesehen, wie eifersüchtig du den beiden gerade nachgeschaut hast."

Theo fängt an zu lachen. Er legt sein Besteck hin und lehnt sich zurück. „Okay, ihr kleinen Ninja-Turtelltauben. Wahrscheinlich seht ihr gerade die ganze Welt durch eure rosarote Brille, aber sorry, ich möchte Privates und Berufliches unbedingt voneinander trennen."

Er schiebt sich ein Stück Schnitzel in den Mund und kaut entschlossen. Eine Zeit lang schaue ich mir das an, dann sage ich: „Gut gebrüllt, Möwe, aber ich kauf dir die Nummer nicht ab. Da ist doch irgendwas im Busch."

Zeynep nimmt ihr Messer in die Hand und wischt es mit einer Serviette sauber. „Weißt du, da, wo ich herkomme …"

Er unterbricht sie. „Türkei?"

Sie spricht weiter. „Gelsenkirchen, da erkennt man Lügner schon von Weitem. Jetzt sag endlich, was los ist."

Er wischt sich den Mund ab. „Leute, ihr macht mich fertig. Ich habe nix mit der Windkamp und der Steffen auch nicht, wirklich. Wir haben ganz andere Probleme."

Ich stutze. „Was denn für Probleme? Warum hängt ihr drei eigentlich ständig aufeinander?"

Theo schiebt sich den letzten Rest Kartoffelpüree in den Mund, schluckt runter und sagt: „So, Leute, das war sehr nett bei euch, aber ich muss dann auch mal los."

Er will sein Tablett nehmen, doch Zeynep hält es fest. „Warum hat die Windkamp ihr Handy dabei?"

Theo lässt sich nicht aus der Ruhe bringen. „Mann, seid ihr zwei die drei Fragezeichen, oder was? Keine Ahnung, warum die ihr Handy dabeihat. Vielleicht hat sie zu Hause ein krankes Kind oder so. Jetzt lasst euch doch einfach mal auf diese offline experience hier ein. Ihr redet ja schon wie irgendwelche Verschwörungsleute. Nicht hinter jeder Ecke lauert ein düsteres Geheimnis."

Plötzlich hört man ein sonores Brummen aus Theos Sportjacke. Für einen Moment sagt niemand etwas. Alle gucken sich stumm an.

Bis Zeynep schließlich auf die Jacke deutet. „Theo, ich glaub, dein Handy klingelt. Willst du nicht rangehen? Ach ja, und viele Grüße an Frau Windkamp."

Kapitel 15

Am Pult der Zeit

Endlich wieder vertrauten Boden unter den Füßen. Nach einem so aufwühlenden Wochenende freue ich mich schon fast auf die Monotonie im Schulgebäude. Guten Morgen, Herr Sowieso, schönen guten Tag, Frau Dings, hallo, Leon, nicht rennen! Klar, die engen Raster des Stundenplans können ein Gefängnis sein, aber vor allem bieten sie Sicherheit und Verlässlichkeit.

Sonnenstrahlen fallen durch die schmutzigen Scheiben in den Klassenraum.

„Herr Schröder?"

Justin meldet sich.

„Ja bitte?"

„Wie war denn der, äh Dings, Pädagogische Tag im Westerwald?"

Ich setze mich auf das Pult. „Es war sehr schön, Justin, aber wir waren im Schwarzwald."

Justin nimmt meine Antwort zur Kenntnis. Anastasia meldet sich. Als Lehrer muss man manchmal halt auch das Curriculum loslassen und sich auf den Rhythmus der

Schülerinnen und Schüler einlassen. Außerdem bin ich uninspiriert heute.

„Yes, Anastasia, was geht?"

Sie räuspert sich. „Warum heißt der Pädagogische Tag eigentlich Pädagogischer Tag? Unter welchem Leitmotiv stehen denn die restlichen Tage des Jahres?"

Ich schnalze mit der Zunge und springe auf. „Sehr gut, Anastasia! Das ist es immer, was ich mit ‚kritischem Denken' meine! Nicht einfach alles wegsnacken, was wir euch hier vorkauen. Ganz toll, Anastasia, danke!"

Justin meldet sich erneut. „Und warum heißt es Tag, aber dauert viel länger?"

Ich führe den Zeigefinger ans Kinn. „Lehrerjahre sind wie Hundejahre. Deswegen dauern Tage bei uns auch länger."

Jan hebt vorsichtig die Hand. „Vielleicht sollte es in der aktuellen Zeit lieber so was wie einen pädagogischen Hashtag geben."

Ich lache. „Lol, Jan, ganz großes ROFL meinerseits. Wo wir grad beim Thema sind. Wie läuft's denn mit meiner Insta-Seite? Ich komm da ja immer noch nicht rein. Schwester, legen Sie bitte einen Zugang." Ich lache und blicke in die Runde.

Murat hebt die Hand. „Die Seite ist noch under construction, wir befinden uns halt noch in der Marktforschung. Aber die ersten Teaser sind schon online, kommt alles sehr gut an bei der werberelevanten Zielgruppe. Wir müssen aber dringend noch mehr streuen. Sie wissen ja: Ein bezahlter Post hier, ein Rabattcode da und dann hoffen, dass irgendein Gatekeeper darauf aufmerksam wird und es teilt."

Ich nicke kurz. „Okidoki, klingt super."

Murat hebt den Daumen. „Herr Schröder, Sie sind der Star, und wir rollen Ihnen den roten Teppich aus."

Ich stütze mich am Pult ab und schaue ergriffen in die Runde. „Mein Grundkurs Deutsch. Danke, Leute, ich kann euch schon mal sagen, dass die Marktforschung ergeben hat, dass ihr ein total cooler Haufen seid. Glaubt mir, ich werde euch nicht vergessen, wenn ich ganz oben bin." Ich nicke bewegt und beiße mir auf die Unterlippe, dann klatsche ich in die Hände. „Na ja, wir müssen auch noch 'n bisschen Unterricht machen, leider. Zurück zu ‚Kleider machen Leute'. Habt ihr das Buch denn mittlerweile gelesen?"

Justin meldet sich. „Ich hab's gelesen."

Ich nicke anerkennend. „Magst du vielleicht den Inhalt mal kurz für die Klasse *in eigenen Worten* zusammenfassen?"

Er nickt und setzt an: „Weruim opopop ulimatzugni far daerzut."

Ich unterbreche ihn. „Justin, was soll das?"

Er hebt unschuldig die Arme. „Sie sagten doch: ‚in eigenen Worten'?" Die Klasse lacht.

„Okay, Justin, stark! Aber jetzt mal in echt."

Er räuspert sich. „Null Problemo. Also. Der Dings, der Wendler Stravinski war so 'n Schneider, und der will dann von zu Hause weg, weil nur Stress, zu viel auf Twitch, Eltern drehen Internet ab und so, und dann stellt der sich mit

Daumen raus an die Bundesstraße, und dann kommt da so 'n Kutscher. Und er denkt sich: ‚Wow, das ist mal echt 'n Kutscher.' Verstehen Sie, Herr Schröder? Wie der Schauspieler. Ashton Kutcher. Ein Wortspiel."

Die Klasse lacht. Ich nicke ungeduldig. „Jaja, für die schlechten Witze bin ich zuständig, bleib mal am Ball. Was passiert dann?"

Justin kratzt sich am Kopf. „Ja, äh, dem Wendler war immer wichtig, dass sein Drip fly war, also, dass sein Look richtig lit war, immer on fleak, immer nice, immer on fire, der Junge, also outfit-technisch. Und deshalb wird der für 'n Star gehalten, obwohl der eigentlich nur 'n ganz normaler Typ von der Straße ist. Fake it till you make it. Und dann hätte er natürlich sagen können: ‚Ey, Leude, hier Verwechslung und so, ich bin gar kein Star, ich bin nur der Wendler.' Aber entweder hat er sich nicht getraut, oder er dachte sich, boah, immer gutes Essen, schöne Hotels, Koks und Nutten, kann man ja mal mitnehmen." Justin breitet seine Arme aus und blickt diplomatisch in die Runde. „Kann man ja auch irgendwie verstehen. Ist quasi vom Tellerwäscher zum Millionär, ne? Dann kriegt er aber irgendwann schlechtes Gewissen, will alles gestehen, dann doch nicht. Dann verlobt er sich. Ende."

Applaus brandet auf.

Anastasia ruft rein. „Nee, das ist doch gar nicht das Ende." Alle seufzen. „Er fliegt nämlich auf! Bei der Verlobung sieht er sich seinem ehemaligen Arbeitgeber gegenüber, und der deckt alles auf! Wenzel rennt dann weg und erfriert fast im Schnee, aber seine Verlobte findet und rettet ihn, und die beiden beginnen eine aufrechte, moderne Beziehung auf Augenhöhe. Voll schön."

Das ist das Beste, was passieren kann. Wenn der Unterricht zum Selbstläufer wird. Die Schüler sind im Austausch miteinander, und man selbst steht höchstens noch vermittelnd dabei. Eigentlich wie Drachen steigen lassen. Der Wind hält den Drachen oben, und ich führe lediglich die Zügel.

Entrückt schaue ich aus dem Fenster und seufze. „Ich bin wirklich stolz auf euch. Wisst ihr, die anderen Lehrer sagen oft, ach, die machen nie mit, die interessieren sich nicht..."

Murat ruft empört: „Wer sagt das?"

Ich schüttle den Kopf. „Darum geht's jetzt nicht, ich merke einfach, dass ihr streitbar und trotzdem sachlich seid. Da könnten sich einige im Lehrerzimmer mal 'ne dicke Scheibe von abschneiden. Und ihr habt methodisch natürlich auch einen ganz anderen Zugang. Mit den neuen Medien und so. Ich bin so gespannt, was ihr da auf Instagram für mich zusammenbastelt."

Jan schnipst. „Herr Schröder, wir wollten Sie noch was fragen. Wissen Sie, was es mit diesen schwarzen Vans auf sich hatte, die die letzten Tage hier auf dem Schulgelände..."

Justin tritt ihn von hinten und zischt ihm etwas zu.

Ich stutze. „Was? Wovon redest du da? Ich war im Schwarzwald. Wie das gesamte Kollegium. Vielleicht irgendwelche Reinigungsleute oder Handwerker."

Justin nickt eifrig. „Ja, da haben Sie wahrscheinlich recht."

Kapitel 16

In der Cloud

An die fehlende Tür im Lehrerzimmer werde ich mich niemals gewöhnen. Immer greift meine Hand kurz ins Leere. Die Stimmung ist jedenfalls gelöst. Unsere Schulfamilie sitzt einig in der Aroma-Ecke und plauscht angeregt über die zurückliegenden Tage im Schwarzwald. Kuschel-Ursel sagt, sie atme seitdem viel bewusster. Auch Zeynep hat sich an die Siebträgermaschine verirrt und macht sich einen Espresso. Theo habe ich heute noch nicht gesehen. Wahrscheinlich zieht er sich morgens einfach das Kaffeepulver durch die Nase. Das würde zumindest das nächtliche Baumsägen im Schwarzwald erklären. Sich mit ihm ein Zimmer zu teilen fühlte sich an, als ob der eigene Sohn noch zu Hause wohnt, obwohl er eigentlich schon zu alt dafür ist. Jeden Morgen musste ich mir in einer riesigen Deowolke – quasi in einer Hygienecloud – die Zähne putzen. Aber in diesem Moment stehe ich hier im wunderbaren Mokka-Dunst neben Zeynep und rühre in meinem Kaffee.

Plötzlich ein Knacken und dann eine Durchsage: „Herr Schröder, bitte in das Büro von Frau Windkamp."

Alle gucken mich an. Der Erdkundelehrer der 7c singt: „Oh, oh, Herr Schröder, haben Sie wieder die Unterschrift Ihrer Eltern gefälscht?" Die Schulfamilie lacht. Ich schaue Zeynep vielsagend an. Sie schießt sich mit einer imaginären Pistole in den Kopf und sackt zusammen.

Ein Büro sagt viel über den Charakter eines Menschen. Frau Windkamp verfolgt seit jeher eine strikte closed door policy. Am Burggraben erbitte ich Einlass. Leider reagiert der Türmechanismus nicht auf meinen blauen Chip.

„Herr Schröder, es ist offen, kommen Sie rein."

Vorsichtig erschließe ich mir das neue Territorium. Eine kapländische Zimmerlinde streckt mir ihre Zweige entgegen. Direkt daneben steht ein walnussfarbener Luftbefeuchter, der kleine freche Wolken in das Zimmer pustet. Die dezente Möblierung würde ein Minimalist wahrscheinlich als spartanisch bezeichnen. In der Ecke ein Stehpult mit einem iPad drauf. Weit und breit nicht ein einziger Leitzordner. Ich glaube, so sieht es in einer Cloud aus. Ich wurde nicht vorgeladen, ich wurde *hoch*geladen. 256KB Schröder betreten den Raum.

Frau Windkamp steht am Fenster. Sie hat die Hände hinter dem Rücken verschränkt und schaut auf den Schulhof. „Herr Schröder, möchten Sie vielleicht einen Atemerfrischer?"

Ich lache und frage: „Wo finde ich den denn? In der Dropbox?"

Sie erwidert mein Lachen nicht. „Setzen Sie sich bitte ..."– ich schaue mich um. Weit und breit kein Stuhl.– „... mal mit folgendem Thema auseinander."

Wie eine Balletttänzerin in einer Spieluhr dreht sich Frau Windkamp langsam um sich selbst und schaut mich an. „Es geht um Ihren Grundkurs Deutsch. Wir müssen den Jan leider suspendieren."

Ich runzle die Stirn. „Was? Warum? Jan ist ein vorbildlicher Schüler, und außerdem ist er doch gerade erst auf die HFG gekommen!" Aufgeregt laufe ich im Zimmer hin und her.

Frau Windkamp drückt einen Knopf. Eine Leinwand rollt sich von der Decke ab, und eine Reihe von Zahlen und Namen wird angezeigt: „15:42 Uhr Frau Windkamp, 15:50 Uhr Theo, 16:02 Uhr Steffen, 16:30 Uhr Unknown User."

Ich zeige auf die Leinwand. „Und was soll das jetzt sein?"

Frau Windkamp drückt den Knopf erneut, und die Leinwand rollt sich wieder ein. „Das sind die Log-ins in unser Schulnetzwerk, also der gesicherte Bereich, wo Unbefugte keinen Zugang haben. Diese Log-ins werden alle festgehalten. Im Internet ist niemand anonym." Sie lächelt siegessicher.

Ich sage: „Na ja, wie man's nimmt. Wer soll denn bitte Unknown User sein?"

Sie nähert sich mir. „Wissen Sie, unsere Datenexpert:innen haben die IP-Adresse zurückverfolgt, und jetzt raten Sie mal, wo uns diese Fährte hingeführt hat?"

Ich zucke mit den Schultern. „Auf die Cayman Islands? In die Parteizentrale der CDU?"

Sie geht wieder ans Fenster und schaut auf den Schulhof. „Herr Schröder, die Suspendierung von Jan ist unumgänglich. Ich habe nur eine Frage, und ich rate Ihnen, ehrlich zu sein." Sie dreht sich um. „Wussten Sie davon?"

Ich stemme die Fäuste in die Hüften. „Jetzt reicht's aber mal, was sollen denn diese Unterstellungen? Ich habe damit nichts zu tun, und ich finde auch nicht, dass das ein hinreichender Grund ist, einen Schüler, der gerade in einer neuen Umgebung Fuß zu fassen versucht, zu suspendieren!" Sie reagiert nicht. Ich rede weiter. „Und überhaupt. Die meisten Kollegen sind komplett überfordert mit diesen abstrakten Lernplattformen. Und warum gibt es überhaupt so einen Hochsicherheitsbereich? Was haben Sie denn zu verbergen?" Ich gehe auf Frau Windkamp zu. „Ist es vielleicht diese nicht TÜV-geprüfte Kletterwand, an der ich mir fast das Genick gebrochen hätte?"

Mit einem Mal dreht sie sich um. „Herr Schröder. Das Eindringen in eine vertrauliche, schulinterne Datenbank ist ein grober Verstoß gegen unsere Richtlinien. Pädagogik hin oder her, so einen fremden Hacker können wir hier nicht gebrauchen. Und außerdem: Kommen Sie mal mit."

Frau Windkamp verlässt den Raum. Ich folge ihr. Stumm schreiten wir durch die Korridore. Es hat gerade zur großen Pause geklingelt. Ich fühle mich wie Jesus auf dem Weg nach Golgotha. Automatisch bilden die Schüler eine Schneise. Einige Problemschüler schauen mich wissend an und nicken mir mitfühlend zu.

Als wir schließlich in der Turnhalle ankommen, breche ich das Schweigen. „So, Frau Windkamp, was soll denn jetzt dieser Gang nach, äh, Cabanossi."

Sie zeigt auf die Kletterwand. „Bitte sehr, schauen Sie

sich das gute Stück doch mal etwas genauer an." Ich will gerade losgehen, da hält sie mich fest. „Na, na, na, Sie wollen doch nicht etwa mit Schuhen auf die Matte, oder?"

Ich rolle mit den Augen. „Okay, eigentlich können wir uns das doch schenken. Ich sehe die glänzende TÜV-Plakette schon von Weitem." Ich applaudiere. „Großartig, wirklich toll. Aber nur weil ich gestürzt bin, bin ich noch lange nicht auf den Kopf gefallen. So was lässt sich ganz einfach fälschen."

Sie legt ihren Kopf schräg. „Herr Schröder, machen Sie es doch nicht unnötig hässlich jetzt. Ich halte große Stücke auf Sie. Die Schüler:innen vertrauen Ihnen, und um die Schule ins 21. Jahrhundert zu befördern, brauchen wir auch *Sie*. Verbauen Sie sich doch nicht Ihre Zukunft an der HFG. Der Jan muss suspendiert werden, auf welche Art er es erfährt, liegt an Ihnen. Immerhin sind Sie sein Mentor. Darüber hinaus verlasse ich mich auf Ihre Loyalität."

Sie schaut mich eine Weile an, dann verlässt sie grußlos die Turnhalle. Ich bleibe noch etwas stehen. Dann lasse ich mich rücklings auf die Matte fallen und starre an die Decke.

Kapitel 17

Wenn nicht jetzt, Wantan?

„Denk bloß nicht dran, die Rechtschreibfehler in der Speisekarte zu korrigieren! Und keine Wortspiele mit ‚Ramen'." Zeynep fixiert mich mit gespieltem Ernst und wedelt mit dem Zeigefinger. Wir stehen vor dem Restaurant, und sie raucht noch eine Zigarette.

Ich stecke die Hände in die Manteltaschen und wippe auf der Stelle. „Nö, ich glaub, ich nehm heute die 76d, aber ohne *f), *g) und *i)."

Zeynep drückt die Zigarette im Aschenbecher aus und geht die Treppen hoch. Ich folge ihr und raune: „Hoffentlich finden wir überhaupt einen Platz."

Im Restaurant kommt uns ein Kellner entgegen. „Ah, Herr Schröder, Sie hatten ja reserviert. Wir haben Ihnen da vorne diese gemütliche Nische neben dem Aquarium eingedeckt." Er weist mit serviler Geste in Richtung eines halbdunklen Separees. Ich nehme Zeynep die Jacke ab.

Sie flüstert: „Was hast du vor?"

Die Garderobe (keine Haftung) liegt im hinteren Teil des Restaurants, also quasi in Südostasien. Jeder Kellner, an dem ich vorbeilaufe, deutet eine kurze Verbeugung an. Vielleicht folgen die mir ja auf Instagram.

Zurück am Platz, studiert Zeynep bereits die Karte. „Ich kann hier kaum was lesen."

Ich setze mich. „Wieso? Ist dein Chinesisch etwa eingerostet?"

Sie haut mir mit der laminierten Karte auf den Kopf. „Nee, du Dödel, es ist total dunkel hier."

Wie bestellt, kommt ein Kellner von der Seite und zündet unsere Kerze an. Ich verbeuge mich und sage: „Arigato."

Zeynep schnauft genervt: „Das ist Japanisch. Komm, jetzt lass doch mal den Boomer zu Hause. Wie geht's dir?" Sie stützt die Ellbogen auf den Tisch und legt ihren Kopf in die gefalteten Hände.

Ich schaue ihr in die Augen. „Ach, Zeynep. Guten Leuten geht's immer schlecht. Weißt du, der Schwarzwald hat mir so gutgetan. Die Luft, die Natur, die Gespräche mit dir und alles. Und jetzt ist man wieder so zurück im Trott ... Aber ich will nicht klagen. Man muss sich Herrn Schröder als glücklichen Menschen vorstellen. Alles im Rahmen."

Sie haut auf den Tisch. „Ich habe doch gesagt, kein Wortspiel mit Ramen!"

Ich hebe entschuldigend die Arme. „Das war keine Absicht! Aber genug von mir, wie geht's dir denn?"

Zeynep schlägt die Beine übereinander. „Ach, weißt du, alles voll okay. Meine Schwester wohnt jetzt bei mir. Die hat sich von ihrem Mann getrennt. Ist halt ein bisschen eng in meiner Zweizimmerwohnung. Aber was soll ich machen? Ist halt Familie."

Ich nicke verständnisvoll. „Absolut. Familie muss zusammenhalten. Da wollte ich dir auch noch was erzählen. Die Windkamp will, dass ich den Jan …"

Der Kellner kommt. Zeynep sagt: „Wir nehmen zweimal das hier." Sie tippt auf eine Stelle auf der Karte, ohne den Blick von mir zu nehmen. Der Kellner verbeugt sich, nimmt unsere Karten und geht. Zeynep nimmt meine Hand. „Entschuldigung, was wolltest du sagen?"

Ich lege meinen Kopf schräg. „Zeynep, ich muss dir was sagen."

Sie schaut mich an. „Was denn?"

„Die Windkamp erpresst mich."

Sie lässt meine Hand los. „Wie bitte?"

Ich räuspere mich. „Okay, pass auf. Kennst du den Jan aus meinem Grundkurs Deutsch? Ein total talentierter Junge, der weiß voll Bescheid mit Bits und Bytes und so, der kann dir mit 'ner verbogenen Büroklammer und 'nem kaputten Tacker eine SMS schicken. Problem ist: Der hat sich wohl in das Schulnetzwerk eingehackt."

Zeynep reißt die Augen auf. „Wow, das ist ja supercool. So 'n kleiner Julian Assange quasi. Hat er etwas leaken können?" Sie kaut auf ihren Fingernägeln.

„Keine Ahnung! Aber anscheinend befinden sich auf der Datenbank irgendwelche sensiblen, äh, Daten, die keiner sehen darf."

Sie schlägt die Hände überm Kopf zusammen. „Ich habe die ganze Zeit schon das Gefühl, dass mit dem ganzen Fingerprint-Quatsch irgendwas faul ist. Ich traue der Windkamp keinen Zentimeter. Amina Koyim!" Das Essen wird gebracht. Zeynep beugt sich über die dampfenden Nudeln und rollt das Besteck aus der Serviette. „Erst die Sache im Schwarzwald mit Theo und dem ganzen Handy-Gedöns, jetzt das mit Jan und der Datenbank, das ist doch alles total absonderlich."

Ich rufe: „Ja, voll absonderlich!" Nach und nach füllt sich das Separee mit Nudeldampf. Ich spreche mit halb vollem Mund. „Na ja, jedenfalls soll der Jan jetzt suspendiert werden. Und rate mal, wer diese dankbare Aufgabe übernehmen darf?"

Zeynep knallt ihren Löffel auf den Tisch. „Schrödi, das darfst du nicht zulassen!"

Ich sauge eine Nudel ein. „Mhh … nee, natürlich lass ich das nicht zu! Ich habe der klipp und klar die Meinung gegeigt, ach, ich hab ihr ein ganzes Orchester des Widerstands runtergefiedelt! Wirklich, die war so klein mit Hut danach!" Ich zeige Zeynep mit Daumen und Zeigefinger, wie klein mit Hut Frau Windkamp danach war.

Sie tippt auf ihre Nase. „Schrödi, denk dran, was ich im Schwarzwald zu Theo gesagt habe. Meine Nase wittert Bullshit aus zehn Meilen Entfernung gegen den Wind." Sie fasst mich am Arm. „Schrödi, mal im Ernst: Die will den Jan loswerden, weil sie Angst hat, er könnte ihr gefährlich werden. Wir müssen herausfinden, was sich auf dieser Datenbank befindet. Von was will die Windkamp auf keinen Fall, dass es rauskommt?"

Ich lege meine Hand auf ihren Arm. „Zeynep, ich glaub, da gibt es nur einen, der uns helfen kann."

Sie schaut mich wissend an.

Ich fahre leise fort: „Wir müssen uns zusammen mit Jan da reinhacken."

Zeynep beißt sich auf die Unterlippe und grinst. Der Kellner kommt von der Seite. „Sind Sie fertig?" Wir nicken. Er räumt die Teller ab.

Ich schaue Zeynep tief in die Augen. „Noch kurz was anderes: Du meintest doch, es wäre gerade so wenig Platz bei dir, wegen deiner Schwester und so, also wenn du willst, nur wenn du willst, ich wohn ja nicht weit und …"

Sie beugt sich über den Tisch und küsst mich.

Kapitel 18

Währenddessen auf Telegram

Jan: So, hier sollten wir sicher sein.

Murat: Warte, warte, warum sind wir jetzt auf Telegram?

Anastasia: Weil wir inmitten einer Verschwörung sind. Schaut euch diesen Link mal an!

Justin: Nee bitte keine Links und kurz noch was anderes. Schrödis Insta Seite ist online, lasst mal n Abo da. Und denkt bitte alle dran mehr Content in die Dropbox zu ballern. Ordner Epic-Fail.

Jan: Ich hab mich ins Schulnetzwerk eingeklinkt. Die gute Nachricht zuerst: Ich konnte auch die Stundenpläne bearbeiten und wir haben jetzt morgen erst zur dritten ;)

Anastasia: <3 <3 <3

Justin: :D :D :D

Murat: ja man :))))

Torben: :'(hatte n Referat vorbereitet ... Mendelsche Gesetze

Justin: Alter Torben geh einfach Heim

Murat: stay at home

Jan: Das ist noch nicht alles. Die benutzen da einen Quellcode, der mir noch nie untergekommen ist. Die Firewall ist so safe, das hab ich sonst nur bei irgendwelchen big playern wie TikTok oder so gesehen.

Anastasia: Was wollen die denn so doll verstecken?

Jan: Was auch bisschen creepy ist, Frau Windkamp, Theo und der Leffringhausen verlassen fast immer zeitgleich das Gebäude. Gestern zum Beispiel um 23:06 Uhr. Zumindest laut ihrer Chips.

Torben-Manuel: Die Mendelschen Gesetze oder besser die Mendelschen Regeln sind benannt nach Gregor Mendel, der 1822 in Schlesien geboren wurde.

Justin: Jan, schreib mir mal privat was noch so abgeht.

Justin hat die Gruppe verlassen.

Anastasia hat Justin hinzugefügt.

Torben-Manuel: Grob gesagt geht es um die Gesetze der Zellteilung. Und hier kommen die berühmten Erbsen ins Spiel

Justin: das nervt, ich gehe

Anastasia: @Justin bleib mal

Anastasia hat Torben-Manuel aus der Gruppe entfernt.

Murat: VII war gestern ja wieder dieses Lehrerturnen

Jan: Nee, das ist immer Freitags

Justin: Hab gehört Schrödi turnt gern mit der aus der Kantine

Murat: 🥒

Jan: Naja jedenfalls hab ich den Quell-code geknackt, aber dann bin ich rausgeflogen. Kann sein, dass die jetzt wissen, dass ich da drin war :(

Anastasia: FUCK!

Justin: Wir haben dein Rücken

Murat: Ey die könn dir doch nix. Kommst du jetzt nicht mehr rein?

Jan: Nee, die haben das komplett neu verschlüsselt

Anastasia: Jan, du musst herausfinden, was die da verstecken. Wenn die dir was wollen haben wir was in der Hinterhand.

Murat: Jan, kannst du nicht was machen wegen der Abiklausuren? VII Wandertag stattdessen oder so.

Justin: Oder Seaworld!

Jan: Leute ich tu mein bestes.

Anastasia: <3

Kapitel 19

Unknown User

Mittags 12 Uhr. Fröhlich betrete ich den Speisesaal und singe leise vor mich hin: „It's raining Mensa, halleluja!" Ein Kollege schaut kurz von seinem Essen hoch und rollt mit den Augen. Mir doch egal. Tumbe Type. Mich kann heute gar nichts runterziehen. Den ganzen Tag schon ist mir, als hätte ich kleine Sprungfedern unter den Füßen. So hüpfe ich munter Richtung Essensausgabe.

Dort scheint sich gerade eine ungute Situation zu entspinnen. Frau Windkamp steht wütend vor Zeynep und fuchtelt mit den Armen. Steffen und Theo stehen wie immer hinter ihr und bekräftigen jedes ihrer Worte. Da muss der Schrödi ran.

„Halt, stopp, was ist hier los?", rufe ich.

Frau Windkamp reißt ihren Kopf herum und fixiert mich. „Herr Schröder, na, Sie haben mir gerade noch gefehlt." Steffen und Theo verschränken die Arme und gucken mich an.

„Frau Windkamp, wo drückt denn der Eurythmie-Schuh?"

Zeynep zeigt auf Frau Windkamp und sagt: „Ihro Gnaden meint, sie müsse in der Mensa nicht zahlen."

Frau Windkamp schüttelt wild das Haupt. „Unsinn, mein Chip funktioniert nicht, irgendwer hat damit Unfug getrieben!"

Ich lache. „Passen Sie auf, dass Sie keinen Haschmich kriegen. Was ist denn mit Ihren zwei treuen Geleitmännern? Können die nicht aushelfen?" Ich zeige auf Theo und Steffen.

Zeynep hält sich die Hand vor den Mund und lacht.

Theo ruft empört: „Ich bin niemandes Geleitmann!" Frau Windkamp stöhnt genervt.

Jovial greife ich in meine Hosentasche. „Ist doch überhaupt kein Problem. Geht auf mich." Ich hole meinen Chip hervor. „Zeynep, mein Schatz, was macht das?"

Zeynep reißt die Augen auf. „Ähm, 15 Euro, Schrödi-Pups."

Ohne hinzuschauen, halte ich den Chip an den Scanner und zwinkere Frau Windkamp zu. „Guten Appetit und viele Grüße von der mittleren Personalebene."

Die drei nehmen ihr Essen und ziehen von dannen.

Triumphierend lache ich Zeynep ins Gesicht. Sie geht kommentarlos in die Vorratskammer und bedeutet mir mitzukommen. Unsicher folge ich ihr in den dunklen Raum. Ruckartig schließt sie die Tür hinter mir. Meine Augen brauchen eine Weile, um sich an die Dunkelheit zu gewöhnen. Ich raune: „Zeynep, was hast du mit mir vor?"

Sie packt mich am Kinn. „Was bildest du dir eigentlich

ein, mich vor Tick, Trick und Track dein ‚Schatz' zu nennen?"

Ich kann kaum etwas erkennen, nur ihre haselnussbraunen Augen voller Entschlossenheit und verletztem Stolz. Ich stammle: „Hey, Zeynep, ich war einfach euphorisch und hab mich von meiner eigenen Stimmung mitreißen lassen. Da denken die sich doch nix dabei, die kreisen eh den ganzen Tag um sich selber."

Jemand öffnet die Tür. Es ist Küchenhelfer Marko. Ich nicke ihm freundlich zu. Er stottert: „Oh, sorry, ich …"

Zeynep zischt: „Marko, was gibt's? Sprich!"

Zögerlich sagt er: „Ähm, ich brauche mal kurz die passierten Tomaten."

Zeynep guckt wieder zu mir. „Schrödi, gib Marko mal bitte die passierten Tomaten."

Ich nehme die passierten Tomaten aus dem Schrank und reiche sie Marko. „Hier bitte, Tomaten-Marko."

Er nimmt die Dosen entgegen. „Soll ich die Tür wieder …"

Bevor er seinen Satz zu Ende sprechen kann, knallt Zeynep die Tür zu. „Schrödi. Ich finde das schön mit dir. Aber lass es uns bitte langsam angehen. Ich hab keinen Bock auf Gossip."

Ich nicke. „Ja, klar. Absolut."

Ihre Gesichtszüge scheinen sich zu entspannen. „Gut, Schrödi. Ich muss jetzt wieder zurück." Sie streichelt meine Wange und öffnet die Tür. Bevor sie rausgeht, dreht sie sich noch mal um und sagt: „Ach, und übrigens: Ich hab mir 50 Euro Trinkgeld von deinem Chip gezogen." Tür zu.

Eine Weile noch bleibe ich in der dunklen Kammer stehen. „Okay, wow." Ich lache in mich hinein, nehme meine Brille ab und reibe mir die Augen. Plötzlich wird die Tür wieder aufgerissen. Ich blinzle in das Küchenlicht und sehe Zeyneps leuchtende Umrisse. „Und sprich jetzt endlich die Windkamp an wegen Jan! Beweis mal, dass du 'n Arsch in der Hose hast."

Frau Windkamp, Steffen und Theo sitzen im östlichen Bereich der Mensa und schlürfen stumm ihre kalte Bollo.

„Kann ich mich setzen?" Ich zeige auf einen leeren Stuhl.

Theo wischt sich den Mund ab. „Weiß ich nicht, ob du das kannst."

Ich setze mich kopfschüttelnd. „Meine alte Hassliebe Trillerpfeifen-Theo, wie immer 'n flotten Spruch auf den Lippen." Ich falte meine Hände im Schoß. „Also, ich mag meine Pasta ja am liebsten andante."

Frau Windkamp legt ihr Besteck auf den Teller. „Herr Schröder. Ich hoffe, Ihnen ist klar, wer diese äußerst unangenehme Situation da eben an der Kasse zu verantworten hat, oder?"

Ich schaue mich um. „Nö, wer denn? Sie müssen Ihre Chips einfach mit Ihrem Paypal-Account …"

Sie haut mit der flachen Hand auf den Tisch. „Herr Schröder!" Erschrocken fahre ich zusammen.

Steffen rollt ein paar Spaghetti mit dem Löffel auf und ergänzt in aller Seelenruhe: „Na ja, das ist für uns jetzt kein großes Geheimnis, wer sich da wieder eingeloggt und unsere Chips manipuliert hat."

Frau Windkamp nickt eifrig. „Ja, der Jan. Ich nehme

doch mal stark an, dass das mit der Suspendierung jetzt langsam in die Gänge kommt? Ich meine, ein Eindringen in das Schulnetzwerk ist schließlich kein Kavaliersdelikt."

Ich reibe meine Handinnenfläche. „Ja, das läuft, das läuft."

Steffen lehnt sich nach vorne. „Schrödi, das ist wichtig. Es geht hier um mehr als Lehrer des Jahres oder Klickmillionär oder so etwas. Wir müssen das mit der digitalen Schule hinkriegen, sonst gehen hier bald die Lichter aus." Er schaut mich ernst an. Frau Windkamp nickt. Theo schaut stumm aus dem Fenster.

Ich lehne mich zurück. „Keine Bange, Leute." Ich klopfe auf meine Armbeuge. „Blutgruppe HFG. Mein Herzschlag ist ein Schulgong. Hier gehen keine Lichter aus, hier gehen Lichter auf, und zwar den Schülerinnen und Schülern." Ich stehe auf, und klettere auf den Stuhl. „Das Wort ‚klettern' besteht ja zu 80 Prozent aus Klett, und erst wenn das letzte Arbeitsblatt laminiert, der letzte Klausurbogen korrigiert und die letzte Kopfnote notiert ist, werden wir merken, dass man Abgangszeugnisse nicht essen kann."

Theo zuppelt mir am Hosenbein. „Schrödi, was soll das? Setz dich wieder." Ich hüpfe vom Stuhl. „Wenn ihr mich bitte entschuldigen würdet, ich muss einen Schüler suspendieren." Ich salutiere und verlasse schnellen Schrittes die Mensa.

Im Rausgehen höre ich noch, wie Steffen zu Frau Windkamp sagt: „Wissen Sie eigentlich, warum heute in den ersten beiden Stunden mein Biologiekurs ausgefallen ist?"

Kapitel 20

Dreck am Steffen

Habe Jans alte ICQ-Nummer rausgefunden (der aktuell einzig wirklich sichere Kommunikationsweg) und ihm geschrieben, dass ich ihn heute um 18 Uhr im Habibitat treffen möchte. Alleine.

Schon fünf Minuten später kam seine Antwort. „Wer schreibt?"

Ich muss gestehen, dass es mir schon ein bisschen Freude bereitet hat, den Hacker im Ungewissen zu lassen. Ich schrieb:

„Unknown User."

Jans nüchterne Antwort: „Okay, Herr Schröder, bis später ;)"

Wenig später im Bushaltestellenhäuschen. Jetzt ist es wichtig, unaufgeregt rüberzukommen. Ich setze mich auf die Rückenlehne der Bank und versuche meine neue Bluetooth-Box einzurichten. Mein Handy möchte sich aber die ganze Zeit mit den AirPods verbinden, die zu Hause auf dem Küchentisch liegen. So ein Mist, andere kriegen es doch auch hin. Plötzlich hält der 618. Hydraulisch öffnet sich die Vordertür. Der Busfahrer guckt mich erwartungsvoll an. Ich winke ab. Genervt schließt er die Türen, und der Bus zieht schwerfällig von dannen.

„Herr Schröder, Sie rauchen?"

Jan kommt auf einem E-Scooter angefahren und schaut mich irritiert an. Er stellt das Ding am Gehweg ab und drückt auf seinem Smartphone rum. Ich klopfe, ohne ihn anzugucken, auf den Platz neben mir. Jan bleibt vor mir stehen.

„Ich rauche immer dann, wenn mir das Wasser bis zum Hals steht", sage ich, nehme einen tiefen Zug und puste den Rauch in die kühle Abendluft.

„Haben Sie getrunken, Herr Schröder?"

Ich schnipse die Kippe ungeschickt Richtung Gully, treffe aber fast Jan. Erschrocken springt er zur Seite. Ich stehe auf und gehe um ihn herum. „Jan, schon Shakespeare hat gesagt: ‚Aus großer Kraft folgt große Verantwortung.'"

Er verschränkt die Arme. „Das ist aus Spiderman."

Ich packe ihn am Arm. „Ist dir nicht klar, dass du dich durch deine Spionagetätigkeiten in Teufels Küche bringst? Die Windkamp ist so kurz davor, dich rauszuschmeißen!" Ich zeige mit Daumen und Zeigefinger, wie kurz davor die Windkamp ist, ihn rauszuschmeißen.

Er schlägt die Hände über dem Kopf zusammen. „Was? Wie bitte? Ich bin doch gerade erst auf die Schule gekommen. Meine Eltern werden ausflippen!"

Ich nicke maliziös. „Jajaja, Internet-Jan. Jetzt ist das Kindl in den Brunnen gefallen, würde ich mal sagen. Was hast du dir denn dabei gedacht? Du kannst doch nicht einfach den Stundenplan ändern und die Chips manipulieren.

Das ist weit weg von irgendwelchen Kinderstreichen." Ich stehe auf und laufe hin und her. „Wir reden hier von einer justiziablen Angelegenheit, verdammt noch mal! Und ich bin verantwortlich für dich, du ziehst mich da mit rein!"

Ich schlage mit der Faust gegen den Fahrplan des 618. Gegenüber läuft eine ältere Frau mit einem leeren Roll-wägelchen Richtung Lidl und schüttelt den Kopf.

Verzweifelt wirft Jan sich auf die Bank und vergräbt sein Gesicht in den Händen. Ich massiere meine Hand und schaue in die Wolken. Jan wimmert. „Welche Schule nimmt mich denn jetzt noch? Nach so einer Aktion? Das war doch nur Spaß. Ich wollte niemandem schaden."

Ich gehe zu meinem Rucksack, hole eine Packung Pom-bären hervor, öffne sie und halte sie ihm hin. „Jan, manch-mal, wenn sich ein Tab-Fenster schließt, öffnet sich ein an-deres." Er greift in die Tüte und schaut mich Hilfe suchend an. Ich lächle väterlich. „Ich glaube, es gibt *eine* Chance, das Blatt noch mal zu wenden." Jan guckt mich neugierig an. Ich fahre fort: „Kommen dir die ganzen digitalen Ver-änderungen an der HFG nicht auch seltsam vor? Da läuft doch was falsch im Staate Dänemark!" Er runzelt die Stirn. Ich winke ab. „Ach, das ist so ein Spiderman-Zitat."

Jan steht auf und läuft umher. „Na ja, Herr Schröder, jetzt, wo Sie's sagen, da gab's schon ein paar Ungereimt-heiten in der Cloud."

Hektisch stopfe ich mir eine Handvoll Pombären in den Mund. „Wffaffs deffffnfn?"

Er weicht etwas zurück. „Es gibt zum Beispiel einen Ordner, der einfach nur ‚Saugroboter' heißt."

Ich reiße die Augen auf. „Ja, und was ist da drin?"

Er zieht die Schultern hoch. „Keine Ahnung, der war mega verschlüsselt. Ist doch komisch, einen Ordner für einen Saugroboter so sicher zu machen, oder? Bin ich einfach nicht reingekommen."

Ich klatsche in die Hände und strecke den Zeigefinger in die Luft. „Jaaaaaaaaa, *noch* nicht."

Jan fährt zusammen. „Wieso noch nicht?"

Ich senke meine Stimme und trete einen Schritt näher. „Jan, du musst da noch mal rein. *Wir* müssen da rein. Die Windkamp und der Theo und eventuell auch Herr Leffringhausen haben Dreck am Steffen, äh, Stecken. Du musst dich da noch mal reinhacken. Wir brauchen stichhaltige Beweise, um denen ein für alle Mal das Handwerk zu legen. Nur so können wir deine Suspendierung vielleicht vermeiden!"

Er schüttelt den Kopf. „Keine Chance, Herr Schröder, dafür müsste ich an den Hauptserver."

Ich stütze die Arme in die Hüften. „Und wo befindet der sich?"

Er winkt ab. „Vergessen Sie's, Herr Schröder, der ist im Keller der HFG."

Ich überlege kurz. „Mhh ... Aber ich hab doch einen Chip." Ich greife in meine Hosentasche.

Jan lacht. „Ja, Herr Schröder, aber das ist ein Chip der niedrigsten Kategorie. Damit kommen Sie nicht mal in die Besenkammer." Traurig blicke ich auf das wertlose Stück Plastik in meiner Hand. Jan fährt fort: „Diese Chips sind hierarchisch eingestuft, aufsteigend nach Farbe. Um in das Rechenzentrum zu kommen, bräuchten wir einen goldenen Chip."

Jan und ich lassen uns seufzend auf die Bank fallen. Ich halte ihm die halb volle Tüte Pombären hin. Er winkt ab. Der 618 fährt vorbei, ohne zu halten. Gegenüber läuft die ältere Frau mit vollem Rollwägelchen zurück nach Hause. Ich greife in die Tüte, hole einen Pombären hervor und halte ihn ins Sonnenlicht. Dann schiebe ich mir den goldenen Kartoffelchip in den Mund und rufe: „Jan, ich glaube, ich habe eine Idee!" Er starrt mich verwirrt an. In diesem Augenblick ertönt ein akustisches Signal. Die Bluetooth-Box hat sich mit meinem Smartphone verbunden.

Kapitel 21

Revoloser

Bei all dem Brimborium vergisst man manchmal, dass die Schülerinnen und Schüler ja irgendwie auch noch durchs Abitur müssen. Schön mal wieder symbolisch den Rohrstock aus der Tasche holen und so 'n klassisches Tafelbild hinlegen. Ein spontanes Kreidefresko. Diese quirligen Kiddies wissen natürlich, wie sich der Unterricht vermeiden lässt. Junglehrerinnen und -lehrer hassen diesen einfachen Trick. Da muss nur ein Buzzword gedroppt werden, irgendein Reizwort scheinbar en passant eingeflochten, und schon verwandelt sich der Frontalunterricht in die reinste Laberstunde. „Ja, Herr/Frau Sowieso, wie war das denn damals, als Sie ... Erzählen Sie doch mal! Sie haben doch so eine spannende Vergangenheit!" Aber nicht mit mir (auch in Ermangelung einer spannenden Vergangenheit vielleicht). Nicht während meiner Schicht. Die MS Schrödi bleibt auf Kurs.

Beschwingten Schrittes steuere ich auf das Klassenzimmer zu. Mit leichten Büchern auf der Hüfte. Ungewöhnlich, dass heute niemand auf dem Gang rumlungert. Hoffentlich hat sich Jan, der kleine Löt-Lurch, nicht wieder am Stundenplan gütlich getan. Frau Windkamp hat ihn bis zu seiner endgültigen Suspendierung vom Unterricht freigestellt. Das muss ich dem Kurs jetzt auch noch irgendwie schonend beibringen.

Ich öffne langsam die Tür. Wirklich absurd, wie leise es ist. Knaaaaaaaaarz.

Also, ich hab ja schon einiges erlebt. In meiner allerersten Referendarstunde, als ich aufgeregt war wie bei einer Operation am offenen Herzen ohne Betäubung, gab es einen Feueralarm. Und ich bin cool geblieben!

Ein anderes Mal kam mitten in einer Klausur eine Krähe in den Klassenraum geflogen. Ich habe ihr einfach ein bisschen von meinem Pausenbrot abgegeben und sie dann wieder in die Freiheit entlassen.

Ein weiteres Mal habe ich meinem damaligen Deutschkurs einen modernen Film gezeigt. Als während der finalen Szene bei „Casablanca" der Ton ausfiel, habe ich Humphrey Bogart und Ingrid Bergman einfach nachsynchronisiert. Danach haben die Schüler mich immer begrüßt mit: „Herr Schröder, das ist der Beginn einer wunderbaren Freundschaft."

Mittlerweile bin ich der Meinung, dass dieser frühe Einfall von mir vielleicht den Anstoß gegeben hat für die später so virulent um sich greifenden Synchronisationsvideos auf TikTok. Wie dem auch sei, ich habe wirklich schon viel erlebt in meiner aktiven Schullaufbahn. Aber auch ein felderprobter Obergefreiter wie ich kann an der pädagogischen Heimatfront noch überrascht werden.

So wie heute.

Fassungslos starre ich in den Klassenraum. Mein gesamter Kurs ist einheitlich gekleidet mit schwarzen Kapuzenpullovern. Alle stehen kerzengerade da und blicken stumm zur Tafel. Sie haben sich die Münder mit schwarzem Paketband überklebt, und in der hinteren Ecke des Klassenzimmers hängt ein Banner mit der Aufschrift „#freejan".

Ruhig begebe ich mich an mein Pult, setze mich und falte die Hände. Ich lasse meinen Blick schweifen. „Seid ihr stumm geschaltet? Schlechte Verbindung? Kein WLAN?"

Niemand reagiert. Es herrscht absolute Stille, bis auf Justin, der anscheinend Probleme hat, Luft durch die Nase zu bekommen.

Ich stehe auf und laufe hin und her. „Eigentlich ganz erholsam, mal eure ungeteilte Aufmerksamkeit zu genießen. Keine störenden Zwischenrufe, kein Gekippel, kein Essen, ich fange fast an, das zu genießen. Reden wir doch mal in aller Ruhe über die rhetorische Figur der Synekdoche. Setzt euch ruhig, wenn euch die Beine schwer werden, wir haben einen pädagogischen Langstreckenflug vor uns. Will jemand vielleicht einen Tomatensaft? Oder gibt es irgendwelche Einwände? Nicht? Gut. Wie ihr wisst, sind die Grenzen zwischen Metonymie und Synekdoche ja fließend ..."

Es klopft an der Tür.

„Äh, herein!"

Der Kopf von Frau Windkamp ragt durch den schmalen Türspalt. „Herr Schröder, hätten Sie vielleicht kurz eine Sekunde ... Was ist das denn?!" Sie schaut fassungslos auf den schwarzen Block. „Ist das wieder eine Ihrer kruden Aktionen? Sind Sie jetzt völlig übergeschnappt? Hashtag free Jan? Ist das so eine Publicity-Aktion für Ihre alberne Instagram-Seite?"

Ich schaue sie wie versteinert an. Dann stülpe ich mir mein Sakko wie eine Kapuze über den Kopf und rufe: „Nein, Frau Windkamp, das ist das Gebot der Stunde! Die Schüler und ich wollen diese Ihre Diktatur nicht länger hinnehmen." Ich nehme das Paketband von Anastasias Tisch, reiße ein Stück ab, klebe es mir über den Mund und reihe mich ein.

Frau Windkamp steht wie eingefroren im Türrahmen. Dann betritt sie den Klassenraum und schließt die Tür. „Verehrte Schüler:innen. Das Wichtigste zuerst: Ich habe größten Respekt vor der Loyalität eurem Mitschüler Jan gegenüber. Und ihr habt das absolute Recht, eurem Unmut über seine völlig gerechtfertigte Suspendierung Ausdruck zu verleihen. Ich möchte euch sogar dazu ermutigen. Aber kann mal jemand dem Justin das Klebeband abmachen? Der erstickt ja gleich."

Murat beugt sich rüber und reißt es ihm vom Mund. Justin setzt sich und schnappt nach Luft. Murat reiht sich wieder ein.

Frau Windkamp geht zu Justin und tätschelt ihm den Kopf. „Eure Geschlossenheit imponiert mir, wirklich. Aber überlegt doch mal, mit wem ihr euch da gemeinmacht." Sie zeigt auf mich. „Habt ihr es wirklich nötig, euch mit dieser Person zusammenzutun, die mit dem Sakko um den Kopf aussieht wie E.T. im Fahrradkörbchen?" Hinter dem

Klebeband lassen sich erste Lacher erahnen. „Ihr seid doch ohne ihn viel stärker! Eine junge Bewegung braucht keinen verknöcherten Mittvierziger, der auf der Stoßstange seines alten Nissan Micra einen Aufkleber hat mit der Aufschrift ‚Bei Papierstau: Rettungsgasse bilden!‘"

Die Schüler krümmen sich vor Lachen. Sie kriegen kaum noch Luft.

Die Windkamp macht weiter. „Herr Schröder ist ein Hochstapler! Er ahmt eure Erscheinung nach, aber eigentlich geht es ihm nur um sich selbst. Herr Schröder ist kein Revoluzzer, er ist ein Revoloser."

Justin springt auf. „Aber das war überhaupt nicht *seine* Idee mit dieser Protestaktion, das war allein *unsere* Idee!"

Anastasia reißt sich das Klebeband ab. „Ja genau, wir wollen, dass Jan bleibt!"

Alle anderen reißen sich ebenfalls das Klebeband vom Mund und skandieren: „Free Jan! Free Jan! Free Jan!"

Frau Windkamp verschränkt ihre Arme, betrachtet das Chaos und grinst mich an. Dann verlässt sie den Klassenraum.

Ich bleibe stehen. Die Schüler strömen schreiend aus dem Klassenzimmer. Als Letzter geht Torben-Manuel. Auf der Türschwelle dreht er sich noch mal zu mir um. Nach kurzem Zögern sagt er: „Herr Schröder, Sie können das Klebeband jetzt abmachen."

Kapitel 22

Die Trojanerin

„Ich brauche den goldenen Chip!"

Zeynep schaut vom Schneidebrett hoch. Sie hat Tränen in den Augen. „Schrödi, was machst du hier in der Küche? Und warum ist dein Mund so rot?"

Ich winke ab. „Ich hatte da so 'n Klebeband, ach, egal ... Die drehen völlig durch, die Windkamp hat versucht, mich vor den Kids zu demoralisieren, aber nicht mit mir, ich hol den Jan zurück, und dann wird er Klassensprecher, nein, Schulsprecher. Das schulde ich der Klasse. Die werden sich alle noch umgucken da oben." Ich schaue Zeynep an. „Warum weinst du?"

Sie streicht Zwiebelstückchen in eine brutzelnde Pfanne. „Eins nach dem anderen, Schrödi. Was ist denn passiert?" Sie legt mir ihre Hand auf die Wange.

Ich seufze. „Wo bewahrt der Theo seinen Chip auf?"

Sie guckt mich mit großen Augen an. „Keine Ahnung. Seinem steifen Gang nach zu urteilen wahrscheinlich irgendwo tief in seinem Rektum."

Ich lache verzweifelt auf. „Ohne Scheiß, Zeyni." Ich nehme eine Möhre und gestikuliere wild in der Luft. „Meine Reputation bei den Schülern ist gerade auch irgendwo zwischen Amazon und Monsanto. Es muss jetzt was passieren!"

Sie nimmt mir die Möhre aus der Hand. „Hör auf, mit dem Essen rumzuspielen." Sie beißt in die Möhre und spricht mit vollem Mund. „Soweit ich weiß, hat Theo seinen Chip immer in seinem Portemonnaie. Und das ist – wie könnt es anders sein – mit einer Kette an seiner Jeans befestigt. Aber hör mir mal kurz zu …"

Ich unterbreche sie. „Okay … wie kommen wir da ran …" Ich schaue an Zeynep herunter.

Sie knallt ein Handtuch auf die Theke. „Vergiss es!"

Ich recke die Arme in die Luft. „Zeynep! Wir stehen mit dem Rücken zur Wand! Meinst du, du kannst hier in Zukunft noch in aller Ruhe Zwiebeln schneiden, wenn das alles rauskommt?"

Sie verschränkt die Arme vor der Brust und schaut mich irritiert an. „Wenn *was* rauskommt? Was soll denn rauskommen? Dass wir uns just for fun zusammen 'ne Verschwörung ausgedacht haben und danach einmal im Bett waren? Schuldig im Sinne der Anklage."

Ich starre sie fassungslos an. „Hast du denn etwa alles vergessen? Zeynep, wir waren doch schon viel weiter. Ich dachte, wir wären intim, äh, ein Team."

Im Hintergrund brennt etwas an. Zeynep brüllt: „Ach, Scheiße!" Sie nimmt ruckartig die Pfanne vom Herd. „Sag mal, Schrödi, komm ich eigentlich zu dir in den Unterricht und lade meinen Kram bei dir ab? Ich habe das Gefühl, du nimmst mich gar nicht ernst! Das hier ist mein Job, verdammt! Und ich mach den auch ziemlich gerne."

Ich schaue mich um. „Doch, klar nehme ich das ernst, Zeynep! Aber sobald die Fünf-Minuten-Terrine in der Mikrowelle steht, hast du ja fünf Minuten für mich."

Sie schmeißt die qualmende Pfanne in ein Spülbecken und lässt zischend Wasser drauflaufen. „Du bist so ein Arschloch. Worum geht es dir eigentlich? Und jetzt sag nicht, es ginge dir um die Schüler. Oder um den Jan. Du hast dich doch immer nur über ihn lustig gemacht. Es geht dir wieder mal nur um dich! Schrödi, der Retter der Nation!"

Der Rauchmelder geht an.

„So eine Scheiße!" Aus der Mensa sind Stimmen zu hören. Zeynep guckt mir in die Augen. „So, hier wird gleich der Brandschutzbeauftragte antanzen." Sie überlegt kurz. Dann sagt sie: „Bild dir bloß nichts ein, ich mach das jetzt nur für Jan. Und weil ich die Windkamp nicht leiden kann."

Sie knallt einen goldenen Chip auf die Arbeitsplatte. „Kannst meinen haben."

Ich schaue sie verblüfft an.

„Ey, Schrödi, du bist nicht einmal auf die Idee gekommen, mich zu fragen, was ich für einen Chip habe."

Ich stammle: „Äh, ich, also …"

Sie äfft meine Stimme nach. „Nee, das kann nicht sein, dass die olle Zeynep aus der Kantine einen besseren Chip hat als ich, nee, das geht nicht. Die macht ja nur Sachen in der Mikrowelle warm."

Ich schaue Zeynep traurig an. „Hey, Zeyni, es tut mir total …"

Sie schmeißt mir den Chip zu. „Hier, nimm das Ding und werde glücklich. Und übrigens, ich bin zwei Wochen überfällig, also krieg dein Leben lieber mal auf die Kette."

Kapitel 23

Währenddessen auf Instagram

„Hey Friends, Zoey_legant am Start für euch, ey, noch mal ganz kurz, hab jetzt die 20 Tausend Follower:innen geknackt, megageil, ich liebe euch alle! Ich melde mich heute bei euch aber in einer dringenden Angelegenheit: Ich bin hier grad aufm Schulhof, HFG represent (*schwenkt Selfiecam*), und wie ihr seht, ist hier Demo-mäßig richtig was los, und dabei ist noch nicht mal Freitag, hihi. Aber eins nachm anderen, macht euch mal 'n Tee, das wird 'ne lange Story (*schaltet auf Hauptkamera*). Ey, voll krass, alle haben so schwarze Hoodies an, und ich weiß nicht, ob ihr hören könnt, was die rufen ... (*hält Handy in die Menge, Stimmengewirr*). Die rufen: ‚Free Jan'! Und es gibt dazu auch das Hashtag #freejan, checkt den mal aus und pusht den nach oben, ihr wisst, swipe up, dies, das. Okay, was ist passiert? (*schaltet auf Frontkamera*) Unser Mitschüler Jan, der soll suspendiert werden, weil – voll unfair – der ist einfach nur mal kurz, weil der ist so 'n krasser Hacker, und der hat sich da mal ganz kurz in das schulinterne Schulnetzwerk reingehackt und so. Und deswegen meint die Windkamp jetzt, also, das ist unsere neue Schulleiterin, und die ist eigentlich voll korrekt und hat 'n Plan, aber da übertreibt sie jetzt voll, dass der suspendiert werden soll. So, und heute hatten wir dann Doppelstunde Deutsch bei Schröder #korrekturensohn, und schaut mal in meinen Highlights, hab da schon das ein oder andere mal was zu gesagt. Folgt dem mal, wenn ihr Bock auf cringy Zeug habt. Megafunny. Seit gestern ist da auch so 'n Video online, wo er von 'ner Kletterwand fällt. Triggerwarnung Fremdscham. Hihi. Na ja, jedenfalls haben wir dann voll den Flashmob gemacht, und was soll ich sagen? Lief richtig gut. Die Idee kam natürlich wieder von Anastasia, beste Frau so, lasst ihr auf jeden Fall 'n follow da, ich verlink sie euch natürlich auch. Also noch mal wegen Jan, den würde ich euch ja auch verlinken, aber der ist NATÜRLICH nicht auf Insta. Too cool for school mal wieder, ey. Es muss jetzt echt 'n Aufschrei geben, weil wie gesagt, der hat nix gemacht so – okay, der hat uns halt EINMAL den Stundenplan so verändert, dass Bio beim Leffringhausen ausgefallen ist, aber ist doch voll witzig, muss man doch nicht gleich an die Decke gehen, und jetzt soll der halt suspendiert werden. Und der ist im Sommer erst hier hingekommen. Wie würdet ihr das finden? Wir haben alle so 'n struggle, irgendwo mal Anschluss zu finden, und dann kommt da irgendwer und will uns da einfach rausreißen, ist doch scheiße! Jeder verdient doch eine zweite Chance! Der Jan, der ist so besonders, der hat so einen eigenen kreativen Kopf. Und es kann doch nicht sein, dass die den jetzt irgendwie so gleichschalten wollen oder so, nur weil die nämlich in Wahrheit Angst haben vor seinem Potenzial, vor seiner Individualität! Aber die Welt braucht doch genau solche Leute! Die Nerds, die Sonderlinge, die, die in keine Schublade passen. Also zeigt denen mal, dass das so nicht okay ist, ja? Ich weiß, ihr seid coole woke Leute, die ihr Herz am linken Fleck haben. Wie gesagt: #freejan. <3 Eure Zoey_legant, peace, ich liebe euch." *(macht das Peacezeichen und ein Küsschen in die Kamera)*

Kapitel 24

Spaziergang
durchs akademische Viertel

Mit den Händen in den Manteltaschen laufe ich durch die abendliche Südstadt. Ich fand es immer schon trostreich, dass auch in den allerschönsten Altbauvillen bloß der Fernseher läuft. Blaue Lichtreflexe flackern an der Stuckdecke. Ich weiche einem Lastenfahrrad aus. Feierabend: Alle wollen zurück in ihren Ameisenbau. 20:00 Uhr Tagesschau. Susanne Daubner in jedem Wohnzimmer der Straße. An der Ecke unterhalten sich zwei Taxifahrer und rauchen. Sie schauen kurz zu mir, als wäre ich die Pausenaufsicht. Ich nicke ihnen freundlich zu. Ist schon gut, Jungs, ihr habt morgen die ersten beiden frei. Gönnt euch. Ich biege ab in den Grüngürtel. Eine Frau in dunkelblauer Steppjacke liest die warme Losung ihres Hundes auf.

Während ich nochmal über die Ereignisse der letzten Tage nachdenke, läuft ein Jogger in Reflektionskleidung an mir vorbei. An seinem Oberarm erkenne ich eine durchsichtige Manschette, in der sich sein Mobiltelefon befindet. Wahrscheinlich läuft er gerade mithilfe irgendeiner Tracking-App ein geometrisches Muster in die Landkarte, um es danach stolz auf Instagram zu präsentieren. „12 km in unter einer Stunde, sieht aus wie der Kölner Dom :D!" Was für ein Hurensohn.

Ich komme an dem Restaurant vorbei, in dem ich mit Zeynep essen war, bleibe stehen und studiere die Speisekarte. Heute Ruhetag. Wie sie damals einfach die 32 zweimal bestellt hat für uns. Eigentlich mag ich ja gar keine Sojasprossen. Ich muss lächeln. Ein SUV donnert über das Kopfsteinpflaster. Mein Gott, zwei Wochen überfällig. Das kann eigentlich nicht sein. In einem Einfamilienhaus gegenüber werden die Rollläden runtergelassen. Ich hole mir am Kiosk ein Bier. Mit Hassan lässt sich wunderbar palavern. Keine Ahnung, warum Small Talk so einen schlechten Ruf hat. Bei mir wird Small Talk großgeschrieben. Er einen Satz, ich einen Satz, da ein Witz, hier ein Spruch, kurz die Schlagzeile aus der Tageszeitung laut vorgelesen und kommentiert, danke, ciao. Und schon geht's beiden besser. Zwei Wochen überfällig. Hassan regt sich oft über seinen Jüngsten auf, er sagt immer: „Um ein Kind zu erziehen, braucht es ein ganzes Dorf." Wenn ich mir so die Jack-Wolfskin-Familien in meiner Nachbarschaft anschaue, mit Klingelschild aus Salzteig und Trampolin im Vorgarten, da würde ich gerne das Dorf wechseln.

Ich nehme einen Schluck Bier. Klar, Sorgfaltspflicht kenne ich von Berufs wegen, aber Lehrer haben Feierabend, Eltern nicht. Doch ein einziges Lächeln entschädigt für so vieles. Die Platanen schwanken im Wind. Als ich ein Kind war, hat mir Opa immer fünf Mark zugesteckt und gesagt: „So, jetzt will ich aber auch nichts mehr hören." Die Kinder hier im Viertel haben alle bereits ein eigenes Girokonto und Onlinebanking. Heute schon an morgen denken.

Apropos morgen. Ich sollte mich so langsam auf den Heimweg machen. Jan und ich ziehen am morgigen Tag endlich unseren Plan durch. Zeynep sei Dank. Sie ist so ein Goldstück. Einfach bei Nacht und Nebel in die HFG einbrechen. Richtig krass. Das würde sich von den Lastenfahrradlutschern hier niemand trauen. Oh Gott, ich glaube, das eine Bier ist mir schon ein bisschen zu Kopf gestiegen. Ich winke Hassan zu, schließe meinen Mantel und laufe die Allee hinab. Jetzt noch die Spätnachrichten der Tagesschau gucken, und dann hängt um elf die Hose kalt überm Stuhl. Das Leben ist schön. Eigentlich fühle ich mich ganz wohl hier. Alles gut.

Kapitel 25

Katzenklappe und Pinguin

„Jan, was soll das, warum hast du eine Skimaske auf?" Es ist 22 Uhr, und wir stehen auf dem Lehrerparkplatz.

„Keine Ahnung, Herr Schröder, ich dachte, wir brechen da ja ein."

Ich schließe den Wagen ab. „Ja, schon, aber so sind wir mega auffällig." Ich schlage meinen Kragen hoch. „Wenn jemand fragt, sind wir einfach nur zwei ‚Techniker', die mal eben ‚nach dem Rechten schauen', okay?"

Jan nickt. Wir begeben uns Richtung Seiteneingang der HFG. „Herr Schröder, wie sollen wir eigentlich reinkommen?"

Ich lache siegessicher. „Na ja, mit meinem Chip natürlich."

Jan räuspert sich. „Aber … haben Sie denn die nötige Qualifi… also, welche Farbe hat denn Ihr …"

Ich unterbreche ihn. „Jetzt mach dir mal keine Sorgen. Nur weil du irgendwie bei ‚Jugend forscht 2016' mal 'nen Blumentopf gewonnen hast, heißt das nicht, dass unsereiner", ich deute mit beiden Daumen auf mich, „nicht auch ein paar Tricks auf Lager hat, okay?"

Plötzlich bleibt Jan stehen. „Schauen Sie mal da vorne, Herr Schröder."

Ich folge seinem Blick. Irgendwer hat „#freejan" an die Hausfassade gesprüht.

Jan scheint sichtlich gerührt zu sein. „Wow, ein Graffiti nur für mich."

Ich korrigiere: „Eigentlich ist der Singular von Graffiti ja ‚Graffito', Jan. Genau wie bei Paparazzo oder Cappuccino. Aber schon toll zu merken, wie alle sich für dich einsetzen, oder? Ich mein, ich riskiere auch Kopf und Kragen hier."

Jan holt sein Handy raus.

Ich protestiere: „Was machst du denn da?"

Er tippt etwas und steckt das Handy dann weg. „Nix, nur Kontakt mit dem Hauptquartier." Vorsichtig nähern wir uns dem Seiteneingang. „Herr Schröder, das System speichert doch jede Aktivität. Sprich, wenn wir jetzt mit Ihrem Chip die Türen öffnen, weiß die Windkamp Bescheid, dass Sie hier nachts eingestiegen sind. Aber egal, wenn wir am Hauptserver sind, müsste ich das eigentlich löschen können."

Selbstbewusst hole ich den Chip aus meiner Innentasche und präsentiere ihn wie ein Goldgräber einen kostbaren Fund. „Mach dir darüber mal keine Sorgen, das ist gar nicht meiner."

Anerkennend neigt Jan seinen Kopf. „Nicht schlecht. Welcher Kollege kriegt den Ärger?"

Ich führe meinen Zeigefinger an die Lippen. „Ein Teil dieser Antwort würde dich eventuell verunsichern."

Er runzelt die Stirn. „Häh?"

Ich winke ab. „Egal, aber du bist sicher, dass man das

löschen kann, also, wer sich ins System eingeloggt hat, oder?" Er nickt. Ich atme noch mal tief durch, und dann halte ich den Chip an den Sensor. Die Tür öffnet sich. Ich hole die Taschenlampen aus meinem Rucksack. Zwei weiße Lichtkegel bahnen sich ihren Weg durch den schmalen Korridor. In diesem Bereich der Schule bin ich eher selten. An den Wänden hängt Schülerkunst der Klassen 5 a/b/c. Man kann nur hoffen, dass sie in anderen Fächern über mehr Talent verfügen. Schwer zu sagen, ob hier mit Kartoffeltechnik gearbeitet wurde oder ob Hunde und Katzen über die Bilder gelaufen sind. Jan leuchtet auf eines der Exponate und sagt: „Warum wird so was aufgehängt und nicht der Lehrer, der das zu verantworten hat?" Er macht ein Foto von dem Bild.

Wir gehen weiter. Der schmale Korridor führt uns durch das Erdgeschoss in den Bereich der unteren Sekundarstufe. Alle Türen sind geschlossen, bis auf eine. An der Tür hängt ein Klassenfoto, daneben steht in Comic Sans: „6c – Klassenlehrer: Herr Leffringhausen". Ich zeige auf das Foto. „Jan, jetzt pack doch mal das Handy weg, guck mal: Der Steffen ist echt der einzige Biolehrer, der auch noch *aussieht* wie ein Komposthaufen." Wir lachen und betreten den Klassenraum. „AAAAHHH." Jan und ich zucken zusammen. Unsere Taschenlampen leuchten direkt in das knöcherne Antlitz eines menschlichen Skeletts. Ich stöhne: „Ist es denn so schwer, die Arbeitsmaterialien nach der Stunde wegzuräumen?"

Augenrollend geht Jan an mir vorbei und setzt sich ans Pult.

Ich begebe mich automatisch in die letzte Reihe und reiße sofort den Arm nach oben. „Herr äh ... Herr Jan, ich hab
das nicht verstanden mit der einen Aufgabe da, äh, und
der Sowieso tritt mich andauernd von hinten, außerdem
muss ich auf Klo, und können wir heute früher gehen, was
kommt eigentlich in der Klassenarbeit dran, und müssen
wir das mitschreiben, und überhaupt, was soll ich aus
meinem Leben machen?"

Jan steht auf, verschränkt die Arme hinterm Rücken
und geht langsam auf und ab. „Herr Schröder, durch Ihre
ständigen unqualifizierten Zwischenbemerkungen stören
Sie den Ablauf des Unterrichts dermaßen, also, ich weiß
nicht, wie das hier weitergehen soll mit Ihnen, die Eltern
sind informiert sowie der UN-Sicherheitsrat und Michelle
Obama. Wenn Sie sich nicht bald mal auf den Hosenboden
setzen, sehe ich einfach schwarz für Ihre Zukunft, ja, *Sie*
stellen die Weichen. Ich hab mein Abi schon, und wir lernen nicht für das Leben, sondern für die Schule."

Wir halten kurz die Spannung und brechen dann in Gelächter aus.

Ich lege noch mal nach. „Herr Jan, warum sind Sie eigentlich Lehrer geworden?"

Jan bleibt wie angewurzelt stehen und hält sich die Ta-
schenlampe von unten ins Gesicht. „Manch einem stehen
alle Türen offen. Für andere ist gerade einmal die Katzen-
klappe vorgesehen."

Seine Worte hallen durch die dunkle, leere Klasse. „Jeden Tag ermutigen wir junge Menschen dazu, das zu tun,
wozu uns selbst immer der Mut gefehlt hat. Wir sind Pin-

guine, die ihre Kinder aus dem Nest schubsen. Flugunfähige Wesen, die von ihren Nachfahren erwarten, dass sie fliegen können."

Ich stehe auf und sage: „Okay, ich glaube, das reicht jetzt."

Jan schmeißt ein Stück Kreide nach mir. „Du hast nicht aufgezeigt! Außerdem: Der Lehrer beendet die Stunde."

Ich gehe nach vorne. „Ja, und das mache ich jetzt auch. Komm, du Pinguin, wir müssen los, bevor ich mir das alles hier noch mal anders überlege."

Kapitel 26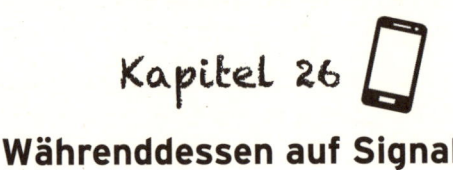

Währenddessen auf Signal

Anastasia: Hey, geil, dass ihr alle mitgekommen seid auf Signal

Justin: Ich checks gar nicht mehr

Anastasia: Ja Telegram war nicht mehr sicher

Torben-Manuel: @Jan wie läuft?

Jan: Leude es ist viel zu doll. Bin mit Schrödi in der Schule.

Zoey: :O

Jan: Guckt euch mal dieses traurige Bild an, mega depressing (sendet Bild)

Anastasia: :(das hab ich gemalt in der 5. Klasse. Frau Fink meinte wir sollen einfach malen wie wir uns fühln

Murat: was habt ihr vor Jan?

Zoey: Soll ich auf Insta bisschen Welle machen?

Jan: Auf keinen Fall! Wenn das raus-kommt sind wir am Arsch. Zoey halt die Füße still.

Anastasia: Free Jan!

Jan: Ich muss hier mal weiter machen, drückt mir die Daumen

Murat: Auf jeden Fall Brudi

Justin: richtig Narcos mäßig

Torben-Manuel: Was machen die denn überhaupt?

Anastasia: Die wollen wohl irgendwie an den Hauptserver

Murat: Und dann?

Zoey: Schön meine Insta-Seite pushen

Anastasia: Quatsch, der Jan meinte da wäre iwas faul

Justin: Krass dass der Schrödi das mitmacht eig

Murat: Ja voll

Anastasia: Naja viel zu verlieren hat er ja nicht

Torben-Manuel: Free Schrödi

Torben-Manuel wurde aus der Gruppe entfernt.

Justin: Free Torben

Jan: Sind gleich im Serverraum

Murat: :O

Jan: Echt spooky hier im Keller

Anastasia hat Torben-Manuel hinzugefügt.

Justin: Guckt mal ob ihr den Klausmeister findet da unten im Keller

Torben-Manuel: Mein Vadder sagt immer: über uns ist letztens ne Kellerwohnung freigeworden.

Justin: :D

Murat: häh

Anastasia: Jan wie läuft?

Jan: Gut wir sind drin

Zoey: abgefahren

Jan: äh

Jan: da sind iwelche Geräusch

Anastasia: Jan?

Murat: ????????

Justin: Leude

Kapitel 27

Fridays for Vergangenheit

Wir bahnen uns den Weg durch die düsteren Katakomben im Kriechkeller der HFG. Hier liegen die ausrangierten Tafeln, Tische und Stühle des vorigen Jahrhunderts. Fridays for Vergangenheit. Ein Skelett würde mich *jetzt* nicht überraschen. Jan zeigt mir einen verstaubten Diercke Weltatlas mit den Grenzen von 1871. Hust, hust, hust. Alte Klassenbücher und Oberstufenliteratur, die mal klausurrelevant war. Zweig, Hesse, Kafka. Josefine und das Volk der Wollmäuse. Ich schlage ein Klassenbuch von 1984 auf. „Georg stört unentwegt den Ablauf des Unterrichts. Margarete macht fortlaufend Kaugummiblasen, dass es ein Graus ist. Rainer hat unerlaubt ‚Atomkraft – Nein danke!' an die Tafel geschmiert. Marianne heute recht ungestüm."

„Herr Schröder!" Jan zeigt auf eine dicke Sicherheitstür. „Wir müssen da jetzt rein. Geben Sie mir nochmal den Chip."

Im Inneren des Serverraums sieht es aus wie bei Raumschiff Orion. Überall Kabel und Knöpfe und blinkende Computertürme. Keine Ahnung, wie Jan sich hier zurechtfinden soll, aber er macht sich direkt an die Arbeit und schließt seinen Laptop irgendwo an. Sofort tanzen seine Finger eine mir unbekannte Choreografie auf der Tastatur. Was für ein Hexer.

„Herr Schröder, können Sie assistieren?"

Ich nicke eifrig.

„Sehr gut, dann geben Sie mir bitte mal die Cola aus meinem Rucksack."

Ich tue wie geheißen und reiche ihm das braune Blubbergetränk.

Plötzlich ein dumpfes Geräusch an der Tür. Jan drückt auf seinem Handy rum. „Herr Schröder, sehen Sie mal nach, was da ist."

Unsicher weiche ich zurück. „Nee, sieh du doch nach! Du bist der IT-Spezialist, nicht ich."

Jan runzelt die Stirn. „Was hat denn das mit IT zu tun?"

Zögerlich nähere ich mich der Tür. Wieder ein dumpfes Geräusch.

„Eigentlich strange, Herr Schröder, ich bin im System und kann sehen, wer alles im Gebäude ist. Und laut dem Server ist grade nur Theo hier. Also nicht mal Ihr Chip wird angezeigt."

Ich fasse mir an den Kopf. „Häh? Trillerpfeifen-Theo? Der Chip ist doch von Zeynep."

Es poltert an der Tür.

Jan sagt: „Hab ich mir schon gedacht, dass das nicht *Ihr* Chip ist. Aber wer ist Zeynep?"

Ich laufe nervös auf und ab. „Ach, die eine aus der Kantine, ich liebe sie wahrscheinlich, sie ist schwanger, egal."

Jan schaut erschrocken von seinem Laptop auf. „Wie bitte?"

Mit einem Mal springt die Tür auf. Der Saugroboter kommt reingefahren. Vor lauter Schreck trete ich auf das Ding ein.

Jan springt auf. „Halt, was machen Sie da!"

Hilfe suchend krebst der Saugroboter unter einen Tisch, doch wie im Wahn packe ich einen Stuhl und ramme das Stuhlbein durch seine metallene Karkasse. Leise surrend fahren seine Systeme runter. Aus der Seite rinnt regenbogenfarben ein Rest Öl. Jan und ich stehen stumm vor den leblosen Gebeinen des Saugroboters.

Ich breche schließlich das Schweigen. „Hoffentlich kommt jetzt nicht der Robocop und verhaftet mich."

Jan setzt sich wieder an den Laptop. „Top, Herr Schröder. Das haben Sie ja toll hinbekommen. Sie haben wahrscheinlich gerade ein wichtiges Beweismittel zerstört."

Unsicher stammle ich: „Vielleicht ist er ja nicht ganz kaputt ... es war halt ein Reflex."

„Ich kann nur hoffen, dass ich jetzt in diesen Ordner komme. Mit dem Saugroboter stimmt irgendwas nicht. Haben Sie 'n Kreuzschlitz mit? Schauen Sie doch mal, ob Sie ihn aufkriegen."

Kritisch mustere ich das zuckende Krustentier. „Da brauch ich wohl eher 'ne Hummerzange als 'nen Schraubenzieher."

Hummer war ja noch nie mein Ding. Ich weiß noch, wie ich mein erstes Beamtengehalt damals in ein großes Dinner gesteckt habe. Alle Kolleginnen und Kollegen der

Fachschaft Deutsch waren eingeladen, und ich wollte richtig auftischen. Als großen Hauptgang gab es Hummer in Butter und Estragon. Allerdings war es die Zeit vor den YouTube-Tutorials, und ich musste es in guter alter Do-it-yourself-Manier selbst bewerkstelligen. Das Kochen war gar nicht so sehr das Problem, es wollte nur niemandem gelingen, das Schalentier zu knacken, um an das kostbare Fleisch zu gelangen. Haben dann Pizza bestellt.

Jan haut mit der flachen Hand auf den Schreibtisch. „Fuck ey, ich komm hier einfach nicht rein!"

Ich stochere mit dem Schraubenzieher in der Verschalung des Saugroboters herum. „Keine Ahnung, Jan, Theos Kopiercode war immer 0815."

Jan tippt kurz und klatscht dann in die Hände. „Bin drin."

Ungläubig schauen wir uns an. Ich springe auf, greife mir den Stuhl, mit dem ich den Saugroboter unschädlich gemacht habe, und setze mich neben Jan. Wahrscheinlich sehen wir von außen aus wie eine Mini-Play-back-Version des Chaos Computer Clubs. Doppelklick. Jan öffnet den Hauptordner und macht parallel eine Sprachnachricht. „Hi, Leute, ich bin drin."

Ich unterbreche ihn. „Was machst du da?"

Jan redet weiter. „Das war der Schrödi. Der sitzt neben mir."

Ich rutsche auf meinem Stuhl nach vorne. „Hi, Leute! Wir haben uns krass reingehackt hier."

Jan hebt seine Hand und bedeutet mir zu schweigen. „Soooooo, wer will morgen die ersten beiden freihaben?

Spaß, aber alle, die zwischen 3 und 4 standen, sind jetzt auf 'ner glatten 2. Sogar in Mathe. Habt ihr einfach toll gemacht, Leute, richtig gut mitgearbeitet, stets bemüht und top motiviert. Nur, Zoey, deine Mitarbeit lässt bisweilen zu wünschen übrig. Elterngespräch erwünscht." Er klickt sich weiter durch die verschiedenen Unterordner. „Sooooo, unser Herr Leffringhausen unterrichtet ab morgen übrigens Altgriechisch, und die Sommerferien dauern jetzt neun Wochen. Kurze Frage in die Runde: Hier ist ein Ordner Abitur, soll ich den mal öffnen?"

Jan schickt die Sprachnachricht ab und lacht sich kaputt.

Ich versuche ihn wieder etwas zur Räson zu bringen. „Okay, Jan, ziemlich witzig alles, zugegeben. Aber wir sollten es jetzt auch nicht übertreiben." Er nickt. Ich lege den Kopf leicht zur Seite. „Obwohl ... ein, zwei Sachen würden mir auch noch einfallen. Was ist denn da so möglich?"

Jan lehnt sich zurück und lässt die Finger knacken. „Kommt drauf an, was Ihnen vorschwebt. Ich werd aus Ihnen keinen Klickmillionär machen können."

Ich winke ab. „Nein, das krieg ich auch allein hin. Mir schweben ein paar kleinere kosmetische Eingriffe vor. Vielleicht ein dauerhafter Brückentag zum Wochenende. Ein *Frei*tag, der seinen Namen auch verdient. Oder vielleicht so 'ne bummelige 20-Stunden-Woche bei gleichem Gehalt. Kannst du mich auf A15 setzen? Außerdem würde ich mein Auto gerne direkt bei den Tischtennisplatten parken. Oder wie wär's mit jeden Tag Käsefondue in der Mensa? Und ich will, dass wir beim nächsten Martinsfeuer Theos dusselige Kletterwand den Flammen anheimfallen lassen. Die HFG muss außerdem umbenannt werden in HSG: ‚Herr Schröder Gesamtschule'!" Ich habe mich während dieses Monologs von meinem Platz erhoben, stehe jetzt mit erhobener Faust an dem kleinen Kellerfenster und schaue auf den dunklen Schulhof. Es beginnt zu regnen.

Jan nimmt seine Brille ab und reibt seine Schläfen. „Ich weiß nicht, was ich davon verwirklichen kann. Wenn Sie wollen, kann ich Ihnen ein größeres Klassenzimmer anbieten."

Ich starre immer noch auf den Schulhof und nicke eisern. „Okay, Jan. Das wäre ein Anfang. Und vielleicht elektrische Jalousien?" Ich wende mich um und sehe Jan an.

Er beißt sich auf die Unterlippe und schüttelt den Kopf. „Herr Schröder, das ist das Schulnetzwerk der HFG und nicht Minecraft. Aber ich gebe Ihnen einen besseren Parkplatz." Er gibt irgendwas ein, und ein Signalton erklingt. „So, Sie stehen jetzt auf G8."

Ich mache die Beckerfaust und setze mich wieder neben ihn. „Alles klar, Jan, du bist der Geilste! Jetzt geh doch mal in diesen Ordner ‚Saugroboter', der war doch irgendwie so stark geschützt." Aufgeregt trommele ich mit den Fingern auf der Tischplatte. „Wir brauchen langsam mal ein paar inkriminierende Infos, um was gegen die Windkamp in der Hand zu haben. Ich will, dass du an der HFG bleibst."

Jan nickt. „Das will ich auch." Endlich hat er den Ordner gefunden. Doppelklick.

Eine mechanische Stimme ertönt. Wir erschrecken.

„Bitte beantworten Sie die Sicherheitsfrage. Wie nennt man eine Zahl mit hundert Nullen?"

Jan guckt mich panisch an. Die Stimme zählt von 5 runter.

„5 ..."

Ich hebe die Arme.

„4"

„Keine Ahnung, Jan, google es halt."

„3"

Jan haut sich auf den Oberschenkel.

„2"

„Googeln – das ist es!"

„1"

Er tippt „GOOGOL" ein.

Die mechanische Stimme sagt: „Ihre Eingabe war erfolgreich."

Der Ordner öffnet sich. Unzählige Videodateien ploppen auf. Jan steckt einen USB-Stick in den Rechner.

Ich starre wie gebannt auf den Monitor. „Was zur Hölle ist das? Worauf wartest du, Jan, klick halt mal auf irgendein Video." Ein zögerlicher Doppelklick auf die Datei „Freitag, 24.10., 9:47 Uhr". Wir sehen unscharf Kuschel-Ursel im Gespräch mit einem Schüler. Von schräg unten gefilmt. Ich wende mich zu Jan. „Ich verstehe das nicht. Wenn ich es nicht besser wüsste, würde ich sagen, dass wir gerade einen Fassbinder-Film gucken."

Jan scrollt durch den Ordner. „Es sieht aus, als wäre der Saugroboter nicht nur für die Hygienemaßnahmen da gewesen." Er öffnet ein anderes Video. Erschrocken schließt er es direkt wieder, schaut mich lammfromm an und flüstert: „Upskirting ...“

Ich nicke betroffen, hole mein Handy raus und gucke nach, was das Wort bedeutet.

Jan klickt ein weiteres Video an. Zwei Jungs, offensichtlich Unterstufe, die anscheinend des Unterrichts verwiesen wurden, stehen vor ihren jeweiligen Klassenzimmern.

Junge 1: „Und, was hast du angestellt?“

Junge 2: „Nix, und du?“

Junge 1: „Ja, auch nix.“

Beide nicken.

Jan schließt das Video wieder. „Unfassbar. Glasklarer Sound und HD-Qualität. Da steckt *richtig* Kohle drin.“

Besorgt kratze ich mich am Kopf. „Aber was soll der Quatsch? Wen interessiert das alles, und wer soll diese Datenmengen auswerten?“ Amüsiert deute ich auf eine Datei. „Ach, guck mal, an diesem Tag waren wir zum Beispiel gar nicht in der Schule. Da waren wir mit dem Kollegium im Schwarzwald.“

Jan reißt die Augen auf. „Moment mal ... war da nicht auch diese Sache mit den schwarzen Vans?“

Wir starren uns fassungslos an. Doppelklick. Zu sehen ist ein dunkler, leerer Flur. Wahrscheinlich Untergeschoss. Das Schulaquarium blubbert uninspiriert vor sich hin. Im Hintergrund flackert eine Leuchtstoffröhre. Nichts passiert. Ich rufe: „Langweilig!“ Jan spult vor. Plötzlich sehen wir, wie das Licht angeht. „Stopp, Jan, da passiert was!“ Er lässt das Video wieder in normaler Geschwindigkeit ablaufen. Ein Mann im schwarzen Anzug hebt den Saugroboter hoch und sagt in gebrochenem Englisch zu jemandem außerhalb des Bildes: „Okay, I got it. Let's get out of here!" Dann endet das Video.

Kapitel 28

Du kannst die Windkamp nicht ändern, aber du kannst die Segel neu setzen

Nahtlos gleitet mein Nissan Micra in die großzügige Park-
lücke auf G8, genau in dem Moment, als der coole Song im
Radio gerade vorbei ist. Timing ist alles! Trotz der relativ
kurzen Nacht bin ich hellwach und topfit. Emotionale
grüne Welle. Nachdem Jan und ich das Computersystem
geknackt und den Saugroboter eliminiert hatten, haben
wir die Schule wieder durch den Seiteneingang verlassen.
Wir haben das Ding am Bahnhof in einen Altglascontainer
geschmissen und uns dann noch *bei einer großen amerika-
nischen Fast-Food-Kette (Änderung vom Verlag)* zwei Happy
Meals geholt. Dieses kleine Abenteuer mit Jan hat mir
irgendwie eine Idee davon gegeben, wie es sich anfühlen
könnte, Vater zu sein.

Triumphierend schreite ich die Freitreppe hinauf, in das
Innere der HFG. Was bin ich doch für ein geiler Typ. Statt
des gewohnten Cordjacketts trage ich heute einen beigen
Leinenanzug und cognacfarbene Segelschuhe. Ein Klickmillionär des Lebens.

„Hey, Schrödi, was ist denn mit dir los? Hast du einen

Clown gefrühstückt? Oder einen Harlekin gebruncht?"
Kuschel-Ursel steht vor mir, den Overheadprojektor in den
Händen.

Ich nehme ihr das Ding ab und eskortiere sie zu ihrer
Klasse. „Was macht ihr heute, Ursel? Foliengestützten
Unterricht oder doch wieder nur Schattenspiele? Schön,
dass du mittlerweile im 20. Jahrhundert angekommen
bist."

Wir betreten die 5b. Ich nicke in die Runde. „Schrödi
mein Name, ihr kennt mich vielleicht aus dem Internet.
Ich bin heute quasi der schulinterne Lieferando-Fahrer
und bringe euch den Overheadprojektor." Ich stelle den
sperrigen Kasten auf das Pult. „Also, liebe Kids, taucht den
Gänsekiel ins Tintenfass, heute wird richtig moderner Unterricht gemacht."

Kuschel-Ursel schmeißt ein Stück Kreide nach mir. „Ist
gut jetzt, du alter Komiker. Hast du sonst nix zu tun?" Die
Klasse lacht und freut sich über diese willkommene Ab-
wechslung.

Tänzelnd verlasse ich den Raum und rufe noch: „Lasst
'n Like da!"

Kuschel-Ursel schaut mir milde lächelnd hinterher.

Eigentlich beginnt mein Tag heute erst um 10:00 Uhr.
Aber ich war einfach zu neugierig, ob die Windkamp jetzt
selbst mit dem Staubsauger durch die Flure muss.

Plötzlich ertönt eine Durchsage: „Hier spricht die Schulleitung. Wenn sich bitte die gesamte Schulfamilie heute
um 16 Uhr in der Begegnungslounge einfinden könnte, ich
habe eine wichtige Neuigkeit zu verkünden. Außerdem

bitte ich Theo, äh, Herrn Eisenmann, unverzüglich in mein Büro zu kommen."

Ich runzle die Stirn. Uh, die ist richtig sauer. Aber was denn für Neuigkeiten? Und was will sie von Theo?, frage ich mich, während ich zwei Stufen auf einmal nehmend ins Obergeschoss hechte. Theo kommt mir aus dem Lehrerzimmer entgegen und zwinkert mir verschwörerisch zu. Was war das denn jetzt? Irritiert schaue ich ihm hinterher.

Ich kann nicht oft genug betonen, wie sehr ich die Türen hier vermisse. Gerne hätte ich wie in einem alten Landhaus die doppelten Flügeltüren aufgestoßen und ein lang gezogenes „Guten Moooorgen" in die schläfrige Kaffeefilterstimmung gesungen. Doch ohne die Türen fehlt der Auftritt, und ich bin einfach nur nicht mehr im Flur. Mal gucken, wie das Kollegium die gestrigen Reformbeschlüsse von Jan und mir annimmt.

Eine wütende Lehrertraube hat sich um das digitale Schwarze Brett versammelt und gestikuliert wild umher. Steffen kommt aufgelöst auf mich zu. Unter dem Arm einen Stapel Bücher. Er spricht mich mit belegter Stimme an. „Schrödi, sag mir alles, was du über Homer weißt."

„Na ja, Steffen, er ist das Familienoberhaupt der Simpsons. Bisschen simpel, aber lieb."

Er unterbricht mich. „Nein, nein, nein. Homer, Sophokles, Euripides, Schrödi! Ich soll jetzt Altgriechisch unterrichten!"

Ich lache. „Wie bitte? Altgriechisch? Ich dachte, das wäre 'ne Tastenkombination bei Windows! Strg Alt Gr."

Steffen verzieht keine Miene. „Schrödi! Jetzt mal Spaß beiseite: Hier läuft alles drunter und drüber. Der Stundenplan wurde wieder auf den Kopf gestellt, und Theo soll sich gestern Abend ins Schulnetzwerk eingeloggt haben."

Ich stutze. „Bitte was?!"

Steffen nickt eifrig. „Ja, ja, ja, du, die Windkamp ist stinksauer! Die titscht im gleichschenkligen Dreieck."

Ich zucke mit den Schultern. „Tja, Steffen, wie hat schon Aristoteles gesagt: ,Du kannst die Windkamp nicht ändern, aber du kannst die Segel neu setzen.'" Kommentarlos verlässt Steffen das Lehrerzimmer. Ich trete ans Fenster.

Mein Handy vibriert. Nachricht von Zeynep. „Schrödi, wir müssen reden … Triff mich um 11:15 Uhr in der Raucherecke."

Verträumt streichle ich das Display und schaue auf den sich langsam füllenden Schulhof. Helge wär ein schöner Name. Also, falls es ein Junge wird. Julia, falls es ein Mädchen wird. Kim, wenn es sich nicht festlegen will.

Zwei Mädchen jagen sich um die Tischtennisplatte.

Eigentlich ist es ja auch egal, was es wird. Hauptsache, gesund. Und Influencer.

Kapitel 29

Kann denn Liebe Zeynep sein?

„Da ist ja der Einbrecher!" Justin lacht und zeigt mit dem Finger auf mich. Er, Murat und Anastasia stehen in der Raucherecke und teilen sich eine Packung Funny Frisch. Schnellen Schrittes nähere ich mich ihnen. „Geht's vielleicht noch lauter?! Das muss alles unter dem Radar bleiben, Leute. Aktuell geht die Windkamp davon aus, dass der Trillerpfeifen-Theo sich ins System gehackt hat. Und dabei soll es auch bleiben!"

Murat spricht mit halb vollem Mund: „Boah, eiskalt von Ihnen, Herr Schröder. Aber heißt das, dass Sport jetzt ausfällt?"

Anastasia hält mir die Chipstüte hin. „Hier, Herr Schröder. Geschmacksrichtung Currywurst."

Interessiert neige ich meinen Kopf und nehme mir eine Handvoll.

Justin zündet sich eine Zigarette an und nuschelt: „Wassn jetzt mit Jan?"

Ich wische meine Finger an meinem Leinenanzug ab. „Da müsst ihr euch gar keine Sorgen machen. Wir haben in dieser Nacht-und-Nebel-Aktion so einiges rausgefunden, und jetzt warten wir eigentlich nur auf den richtigen Moment, um die Bombe platzen zu lassen. Würde mich doch stark wundern, wenn das der Windkamp nicht ein bisschen auf die Sprünge helfen wird bezüglich Kooperationsbereitschaft." Ich lache in mich hinein und ziehe vielsagend die Augenbrauen hoch.

„Keine Ahnung, was genau Sie da wieder reden, Herr Schröder, aber klingt gut." Justin pustet den blauen Qualm seiner Filterzigarette in die kühle Luft.

Anastasia zerknüllt die leere Chipstüte. „Was wurde denn herausgefunden?" Sie schmeißt die Tüte in den Mülleimer.

„Jaaa, da kann ich jetzt nicht so … Also, ich bitte um ein bisschen Geduld. Nur so viel sei gesagt …"

Murat unterbricht mich. „Das mit dem Saugroboter wissen wir schon."

Ich runzle die Stirn. „Hä? Woher wisst ihr das?"

Anastasia zeigt auf ihr Handy. „Hier, Jan hat alles in die Gruppe gestellt." Ihr Daumen huscht über das Display. „So wie es aussieht, waren die schwarzen Vans von einem chinesischen IT-Konzern … genau wie der Saugroboter … was das zu bedeuten hat, ist noch unklar … in der Deutsch-Abiklausur kommt dieses Jahr äh …" Erschrocken schaut sie mich an. „Egal."

Es klingelt. 11:15 Uhr.

„So, Herr Schröder, wir müssen dann auch mal wieder. Danke, dass Sie das für den Jan riskieren." Justin schnipst die Kippe ins Gebüsch und klopft mir im Vorbeigehen auf die Schulter.

Versonnen sehe ich den dreien nach. Ein Lächeln entschädigt für so vieles.

Wie gerufen, biegt Zeynep um die Ecke. Ich verwirble den Zigarettenqualm.

„Hey, Schatz, boah krass, ich finde, man sieht's schon." Ich versuche sie zu küssen, doch sie dreht sich weg. „Spinnst du?"

Wir gehen zu einer Bank im hinteren Bereich der Raucherecke und setzen uns. Ich tätschle ihren Oberschenkel. „Sag mal, wie geht's dir? Wir haben uns ja ewig nicht gesehen."

Sie steckt die Hände in die Hosentaschen und guckt weg. „Na ja, geht so. Aus irgendwelchen Gründen soll es ab jetzt in der Mensa immer Käsefondue geben." Sie zeigt auf das Schulgebäude. „Haben die alle eigentlich vollkommen ein Rad ab?"

Ich greife in meine Schultasche. „Apropos Essen, ich hab dir ein Glas Essiggurken mitgebracht."

Sie hält meine Hand fest. „Schrödi, lass mal stecken jetzt. Wir müssen reden."

Erschrocken friere ich ein.

Sie schaut mich an. „Hast du den Chip noch, den ich dir gegeben habe?"

Ich nicke und hole das goldene Ding aus der Tasche. „Natürlich. Und dafür, dass dir Hierarchien nichts bedeuten, kann es dir jetzt wohl nicht schnell genug gehen, ihn wiederzubekommen." Ich lache, halte ihr den Chip hin, und als sie danach greifen möchte, ziehe ich die Hand wieder zurück. „Zu langsam, Zeyni, zu langsam."

Sie reißt mir den Chip aus der Hand. „Jetzt lass doch mal den Scheiß! Mann, der ist nicht von mir, der ist vom Theo! Checkst du denn gar nix? Was meinst du, warum der im System eingeloggt wurde? Weil ihr mit seinem Chip in die Schule seid, verdammt. Der verliert vielleicht seinen Job jetzt!"

Ich stehe auf. „Wieso hast du denn den Chip vom Theo? Ist das Kind etwa auch von ihm?" Sie zündet sich eine Zigarette an. Ich schreie los: „Du kannst doch nicht rauchen, in deinem Zustand!"

Sie pustet den Rauch aus. „Schrödi, ich bin nicht schwanger. Ich war nur ein bisschen überfällig. Das passiert schon mal."

Der blaue Zigarettendunst steigt nach oben und löst sich auf. Im Gebüsch raschelt ein Vogel. Irgendwo lachen ein paar Kinder.

Zeynep fragt: „Alles okay?" Sie schaut mich milde an.

Ich trete eine Kastanie weg. „Ja, klar. Grad noch mal Glück gehabt, was? Ich mein, wir kennen uns ja kaum." Ich räuspere mich.

Sie steht auf und umarmt mich.

„Ist schon okay, Zeynep. Es ist ganz schön kalt geworden. Weißt du, im Winter hab ich immer Probleme mit tränenden Augen."

Kapitel 30

Meltdown am Käsefondue

Gedankenverloren tunke ich das Brotstück in den geschmolzenen Käse. Kurz überlege ich, meinen Chip in den Topf zu werfen, damit er endlich die goldgelbe Färbung annimmt. Die Mittagspause ist seit zehn Minuten vorbei, und ich sitze alleine an einem Vierertisch im hinteren Bereich der Mensa. Durch das Fenster sehe ich, wie ein Pizzalieferant auf dem Schulhof hält. Die Schülerinnen und Schüler haben die Umstellung der Speisekarte wohl nicht so gut aufgenommen.

Mich erinnert Käsefondue immer an Weihnachten und Heimat. Für ein Essen dieser Art muss man sich einfach Zeit nehmen. Das gibt es nicht im Drive-In. Der Begriff Restaurant kommt ja auch vom lateinischen „restaurare", also restaurieren, wiederherstellen. Sich *selbst* wiederherstellen. Draußen reicht ein Mann mit Schnurrbart den Kindern zehn Pappkartons aus dem Kofferraum seines Pkws. Dann steigt er wieder ein und fährt weg. Anscheinend wurde er schon irgendwie online bezahlt. Wozu brauchen die uns eigentlich noch? Die Kids regeln sowieso alles im

Alleingang. Wir mögen kein Fondue? Lass Pizza bestellen. Der Unterricht gefällt uns nicht? Lass auf YouTube gehen. Aufgelöst schaue ich in die blubbernden Käsebubbles. Okay, Schrödi. Entspann dich mal. So ist halt der Lauf der Dinge. Kann man nichts machen.

Verzweifelt schüttle ich den Kopf. Wie soll jemand wie ich die heutige Generation auf die Zukunft vorbereiten? Ich verstehe ja nicht mal die Gegenwart. Gut, ich weiß, wie man bei einem Laserdrucker die Farbpatronen wechselt, aber ich habe keine Ahnung, was ein Reel ist. In Wahrheit muss ich Menschen auf eine Welt vorbereiten, die ich viel schlechter kenne als sie. *Mir* kann der digitale Wandel eigentlich herzlich wurscht sein. Ich habe meine zu 50 Prozent abbezahlte Doppelhaushälfte schon. Also mein Doppelhausviertel. Mein Hausachtel. Eine Emmentaler-blase platzt. Aufgeregt brodelt der aktive Käse-Ätna vor sich hin. Die Kinder aber können es sich nicht leisten, die Zeitenwende zu verschlafen. Auf sie wartet einfach viel mehr Zukunft. Und dann sollen ausgerechnet wir Lehrer ins Fernglas schauen, um einen Erwartungshorizont zu bestimmen. Wir, die blinden Zyklopen hinterm Pult. Lächerlich. „Gelehrter, weise uns die Sterne!" Mann, mann, mann. Der arme Galileo Galilei. Damals einfach mal bewiesen, dass die Erde sich um die Sonne dreht, und heute werden in seinem Namen auf ProSieben Wasserrut-schen getestet.

Plötzlich ragt ein zweiter Spieß in den Käsetopf. Er-schrocken zucke ich zurück. Theo hat neben mir Platz genommen. „Na, Schrödi, wie stehen die Aktien?" Er zieht den Spieß aus dem Käse und betrachtet den brutzelnden Würfel. Ich schaue ihn schuldbewusst an.

„Schrödi, ich will gar nicht lange um den heißen Käse herumreden. Die Windkamp hat mich beurlaubt. Also, dass die wirklich glaubt, ich wäre hier eingebrochen, schon krass eigentlich …"

Ich runzle affektiert die Stirn. „Was? Das ist ja … Also, warum solltest du …"

Er unterbricht mich. „Schrödi, ich weiß, dass *du* das warst. Ist schon okay."

Fassungslos starre ich Theo an.

„Theo, Mann, glaub mir, wir wollten das eigentlich löschen, mit deinem Log-in und so, aber dann ging alles drunter und drüber."

Er legt mir die Hand auf die Schulter. „Ey, Schrödi, bei mir war es doch genau das Gleiche. Am Anfang hieß es nur, keine Panik, wir wollen nur den Saugroboter ein paar Bilder einfangen lassen, so Google-Street-View-mäßig, alles ganz harmlos und datenschutzkonform. Die Gesichter sollten verpixelt werden und so, wurde uns versichert." Sprachlos lausche ich seinen Worten. „Dann wollten die Chinesen plötzlich Zugang zur Schulcloud, alle Passwörter, alle Daten, sogar die aus den Schüler-Laptops! Ey, die Software von denen erkennt jedes Gesicht und kann es den Schülerdaten zuordnen. Wie in Peking an der Ampel. An der Stelle hab ich gesagt: Ich steige aus! Aber irgendwie ist mir das entglitten. Die Windkamp hat sich von einer chinesischen E-Learning-Plattform kaufen lassen, damit die ihre gottverdammte KI füttern können." Er steckt sich einen brutzelnden Brotkrumen in den Mund und spricht kauend weiter. „Für irgendein hypermodernes digitales Lernprogramm, das gerade in der Betaphase steckt oder so." Er macht eine wegwerfende Geste. „Steffen kennt sich damit besser aus. Und ich durfte niemandem was erzählen."

Er legt den Käsespieß kurz neben den Teller und räuspert sich. „Schrödi, du weißt, so was ist eigentlich überhaupt nicht meine Art, aber die Windkamp und ich, wir kennen uns halt schon lange … Außerdem konnte die Turnhalle eine Renovierung echt gut gebrauchen."

Plötzlich setzt sich Steffen zu uns. „Leute, meine Beine tun so weh, ich habe die letzten zwei Stunden Sirtaki getanzt."

Ich recke meinen Arm nach oben und schnipse. „Zeynep, machste uns mal drei Ouzo? Ich brauche jetzt Schnaps!"

Steffen tunkt seinen Spieß in die brodelnde Pampe. Er schaut uns fragend an. „Was'n los, ist jemand gestorben? Hat Theo gegen dich beim Armdrücken verloren?"

Theo erklärt: „Es ist vorbei. Schrödi weiß Bescheid."

Steffen atmet auf. „Ach, Gott sei Dank, ich hatte auch echt keinen Bock mehr. Alles, was ich der Windkamp angeboten hatte, war ein bisschen IT-Betreuung. Ey, ich bin doch da auch nicht so fit. Natürlich war das ein Leichtes für den Jan, durch diese Firewall zu kommen." Ich schaue Steffen mit großen Augen an. „Ja, Schrödi, ich weiß auch Bescheid. Ihr seid hier nachts eingestiegen. Ist halt blöd jetzt mit Theo. Und was sollte eigentlich diese Nummer mit dem Griechischunterricht?"

Gerade als ich mich entschuldigen will, knallt Zeynep ein Tablett mit vier Gläsern auf den Tisch. „Darf ich mich der illustren Männerrunde anschließen? Schrödi, du siehst aus, als hättest du ein Gespenst gesehen." Ich winke ab. Sie nimmt ein Gläschen und hält es in die Mitte. Wir lachen, nehmen auch jeder ein Schnapsglas, stoßen an und werfen den Kopf in den Nacken.

Irritiert schaue ich auf das leere Schnapsglas. „Häh, das ist ja Leitungswasser!"

Zeynep wirft ihr Glas hinter sich. „Na klar, Schrödi, wir sind hier immer noch in einer Schule." Sie untersucht unsere Gesichter. „Was ist denn der Anlass dieses heiteren Get-together? Und viel wichtiger: Wie schmeckt euch mein Fondue? Ach, und Theo, hier, dein Chip." Sie schnipst Theo den Chip rüber, er fängt ihn und steckt ihn ein.

Entgeistert schaue ich in die Runde. „Wie, was, häh? Kann mich mal jemand aufklären?"

Theo schaut zu Zeynep und fragt: „Sollen wir es ihm sagen?" Sie nickt.

Panisch schaue ich zwischen den beiden hin und her. „Was sagen, was ist hier los?"

Theo legt seine Hand auf meinen Arm. „Schrödi, es war so: Zeynep kam zu mir und hat mir alles erzählt."

Ich schaue zu Zeynep. Sie nickt und bedeutet mir, weiter zuzuhören.

„Und ihr Timing hätte kaum besser sein können. Ich war zu dieser Zeit nämlich äußerst empfänglich für Putschversuche, weil ich mich zuvor heftig mit der Wind-kamp gestritten hatte. Wegen dieser dusseligen Sache mit

der TÜV-Plakette, apropos, schönen Dank auch, Schrödi."
Ich versuche etwas zu sagen, bekomme aber keinen Laut
raus. Theo redet weiter: „Aber eigentlich muss ich dir fast
dankbar sein. Dadurch hab ich erst ihr wahres Gesicht gesehen."

Alle nicken teilnehmend. Ich sehe mich immer noch
außerstande, etwas zu sagen.

Theo räuspert sich. „Außerdem muss ich ganz klar bekennen: Meine Zukunft liegt nicht an der HFG." Er schaut
in die Ferne. „Auch nicht an irgendeiner anderen Schule."
Er lässt eine lange dramatische Pause. „Ich gehöre in die
Wand. Mein Herz ist ein Kletterfelsen."

Ich ringe nach Luft. Mein Blick geht zu Zeynep, zu Theo
und wieder zu Zeynep.

Steffen ist komplett in sein Käsefondue vertieft.

Ich räuspere mich. „Okay, Leute. Darf ich das mal kurz
zusammenfassen?" Theo und Zeynep nicken. „Also: Die
Windkamp hat unsere HFG in einen chinesischen Big-
Brother-Container verwandelt. Dann hat sie herausgefunden, dass Jan sich in das System gehackt hat, und weil sie
Angst hatte, dass Jan all das mit der digitalen Testschule
und dem ganzen Überwachungssystem und so rausfinden
könnte, wollte sie ihn aus dem Weg räumen. Um ihr zu-
vorzukommen, haben Jan und ich uns nachts in die Schule
geschlichen mithilfe des Chips von Theo, von dem ich
eigentlich dachte, er sei von Zeynep, ich aber gerade er-
fahren habe, dass Theo ihn Zeynep freiwillig gegeben hat,
weil er ohnehin die Schnauze voll hat von der Windkamp
und eigentlich sowieso lieber klettern möchte als zu unter-

richten, stimmt das so weit?" Es wird genickt. „Okay. Und wie geht's jetzt weiter?"

Theo guckt uns verschwörerisch an. „Wir müssen der Windkamp das Handwerk legen!"

Steffen schaut von seinem Käsefondue hoch. „Leute, das könnt ihr vergessen, die ist mit allen Wassern gewaschen. Wir haben nichts gegen sie in der Hand."

Ich haue mit der Faust auf den Tisch. „Aber die ganzen preisgegebenen Schülerdaten, die Videos, das Upskirting ..." Theo unterbricht mich: „Das was?" Ich winke ab. „Egal, das ist nicht legal, das ist illegal."

Steffen sagt trocken: „Das haben die Chinesen doch bestimmt alles längst gelöscht."

Alle sacken in sich zusammen.

Nach einer Weile sagt Zeynep schließlich: „Was ist denn mit der Wand?"

Ich stutze. „Was für eine Wand?"

Zeynep sagt: „Na, die baufällige Kletterwand, von der du gefallen bist, beim Lehrersport."

Ich schaue zu Theo. „Genau! Stimmt! Woher kam eigentlich das Geld dafür?"

Steffen guckt abwesend aus dem Fenster und sagt monoton: „Leute, woher das Geld kommt, ist doch völlig klar. Von den großzügigen chinesischen Investoren, die ihre fucking Datenkrake füttern wollen."

Ich schüttle verwirrt den Kopf. „Was denn für Daten eigentlich?"

Theo holt tief Luft. „Leute, diese Onlineplattformen, auf denen die Schülerinnen und Schüler lernen und so weiter, diese Plattformen speichern alles: Wie lange du eingeloggt bist, wie lange du eine Aufgabe liest, bevor du sie bearbeitest, deine Aufmerksamkeitsspanne, das Scroll-Tempo, die Tippgeschwindigkeit, deine Augenbewegungen, alles, alles, alles. Ey, die lesen regelrecht die Gehirne der Kinder aus, und das ist natürlich für viele Leute bares Geld." Er reibt Daumen und Zeigefinger aneinander.

Steffen übernimmt. „Ja, der algorithmisierte Schüler. Klasse 9b hat 30 Avatare. Wir lernen nicht fürs Leben, wir lernen für die Lernsoftware. Und die wird immer besser. Ich sag's mal ganz klar: Wenn Datensammeln dein Fetisch ist, dann ist die Schulcloud dein Fifty Shades of Grey."

Ich flüstere konspirativ: „Wenn das der Schmolke rauskriegt …"

Theo verschränkt die Arme. „Ja, der frisst direkt seinen Stressball auf. Aber wie sollen wir das beweisen? Wir kommen nicht mehr in die Cloud. *Ich* komm sowieso nicht mehr ins System."

Ratlos stochern wir im Käsefondue rum, bis Zeynep schließlich sagt: „Was ist denn nun mit dieser fehlenden TÜV-Plakette? Ich weiß, das ist nicht viel, aber es könnte doch was ins Rollen bringen."

Ich winke ab. „Die Kletterwand *hat* mittlerweile eine TÜV-Plakette."

Theo raunt: „Na ja, die gab's aber zu dem Zeitpunkt deines Sturzes ehrlich gesagt noch nicht. Nur, wie sollen wir das beweisen?"

Zeynep sagt: „Hat der Jan damals nicht gefilmt?"

Alle reißen die Augen auf.

Steffen ruft: „Wir brauchen dieses Video, bevor unsere liebe Schulleiterin Wind davon bekommt!"

Ich nicke. „Null Problemo, Leute, ich würde vorschlagen, dass wir das Ganze folgendermaßen angehen." Ich hole tief Luft.

Kapitel 31

Instagrammatik

Noch nie war ich vor einem Präsenzunterricht geistig so abwesend. Bei all diesen schulischen Nebenschauplätzen gerät der normale Unterricht ins Hintertreffen. Heute fällt es mir besonders schwer, in die Rolle der vitalen Vorbildfigur zu finden. All die sozialen Zerwürfnisse arbeiten stark in mir nach. Aber mein Cordjackett ist gebügelt, denn Kleider machen Leute. Was mir zusätzlich hilft, ist die auf mich projizierte Erwartungshaltung der Schülerinnen und Schüler: „Herr Schröder wird schon wissen, was zu tun ist. Wie lautet heute unser Arbeitsauftrag?" Die eingespielten Mechanismen des Schulalltags geben Halt.

Eine frühe Mittagssonne scheint schräg ins Klassenzimmer und lässt den Kreidestaub flimmern. Auf der Fensterbank sitzt ein grüner Halsbandsittich, oder wie Justin es formuliert: „Guckt mal, ein Papagei!" Alle rennen zum Fenster, und das scheue Tier fliegt davon.

„So, dann wollen wir mal", höre ich mich sagen. Und setze damit die *Rube-Goldberg-Maschine* in Gang. Diesen Vergleich hat Steffen neulich mal gebracht; ich musste das googeln: „Eine Rube-Goldberg-Maschine ist eine Nonsens-Maschine, die eine bestimmte Aufgabe in zahlreichen unnötigen und komplizierten Einzelschritten ausführt. Dies hat keinen praktischen Nutzen, sondern soll bei der Beobachtung Vergnügen bereiten." (Quelle: Wikipedia) Bis auf den letzten Punkt eine exakte Beschreibung schulischen Unterrichts, wie ich finde. Jede Stunde beginnt mit einem „So!". Was darauf folgt, ist immer das Gleiche. Behäbig werden die widerwillig mitgeschleppten Arbeitsutensilien herausgekramt. Völlig automatisierte Arbeitsabläufe setzen sich schleppend in Gang. Tafelbilder werden leblos abgepaust; die Stenografie der Somnambulen. Und einzig und allein die ständig aufrechterhaltene Drohkulisse des Notenspiegels sorgt dafür, dass die Schülerinnen und Schüler es nicht so machen wie der Papagei.

Nichtsdestotrotz ist es für einen Lehrer ein Leichtes, all das zu wissen und im Stillen ständig infrage zu stellen, aber dann dennoch laut auszurufen: „Leude, noch 23 Wochen bis zum Abitur! So langsam müssen wir mal …"

Alle schauen mich angsterfüllt an. Die brauchen das jetzt. Ohne Krokodil kein Kasperletheater.

„Herr Schröder, was ist jetzt eigentlich mit Jan?" Justin kippelt unruhig mit seinem Stuhl.

Ich gehe langsam zum Fenster, schaue nach draußen und sage: „Macht euch keine Sorgen. Hier wird sich sowieso bald einiges ändern." Ich hauche an die Scheibe und male mit dem Finger einen Zwinkersmiley. Dann drehe ich mich um und gehe festen Schrittes zurück ans Pult. „Dazu kommen wir später." Ich setze mich. „Kinder, ich kann es gar nicht oft genug betonen ..." Auch um mich selbst von meinen Worten zu überzeugen, unterstütze ich jede Silbe mit dem rhythmischen Klopfen des Rotstiftes auf dem Tisch: „... was in jedem Falle klausurrelevant sein wird," Wirkungspause, Wirkungspause, Wirkungspause, „ist das Motiv des Hochstaplers in der Literatur."

Alle stöhnen.

„Wir erinnern uns ja noch lebhaft an das fabelhafte Referat von Anastasia vor einigen Wochen. Ihr wisst schon, MegaLena und so ..." Ich deute einen kleinen Hüftschwung an. Justin pfeift auf zwei Fingern. Ich klatsche in die Hände. „So, behaltet diese Euphorie bei! Wir müssen echt mal Gas geben. Und deshalb möchte ich jetzt, dass ihr euch in Vierergruppen zusammenschließt." Ich domptiere: „Los, Bewegung. Wir sind 24 Leute, ohne Jan, müsste also aufgehen." Als alle ihre Gruppe gefunden haben, sage ich: „Ihr dürft jetzt auch gerne eure Laptops rausholen. Es geht nämlich um ein digitales Projekt. Aber klebt mal lieber die Webcam ab."

Ein allgemeines Geraschel und Geseufze beginnt. Anastasia meldet sich: „Warum sollen wir die Webcam abkleben?"

Dozierend gehe ich auf und ab. „Ein Teil meiner Antwort könnte euch verunsichern." Ich klatsche in die Hände. „Also, ich möchte, dass ihr ein YouTube-Tutorial erstellt, und das Thema ist – wie sollte es anders sein – das Motiv des Hochstaplers. Sprich: Wo kommt es her, wo geht es hin, was wären eventuelle kontemporäre Entsprechungen und so weiter und so fort ... Eurer Kreativität sind keine Grenzen gesetzt. Lasst die Papageien fliegen."

Anastasia meldet sich. „Herr Schröder, dürfen wir das denn am Ende auch posten?"

Ich stocke. „Was meinst du?"

Sie bindet sich einen Zopf. „Na ja, veröffentlichen. Hochladen, YouTube, IGTV."

Zoey schaltet sich ein: „Ja, das wäre echt mega! Und dann alle verlinken."

Ich stottere: „Oh, das krieg ich bestimmt nicht durch- gebracht bei der Windkamp. DSGVO und so, das ist echt ein sensibles Thema."

Es klopft an der Tür.

„Herein!", ruft Murat.

Steffen schiebt seinen Kassengestellkopf durch den Tür- spalt und wispert konspirativ: „Schrööööd …!" Er bedeu- tet mir, näher zu kommen. Da die Klasse gerade sowieso mit sich selbst beschäftigt ist, gehe ich auf Steffen zu.

„Hast du schon gefragt?!"

Ich runzle die Stirn. „Was denn?!"

Steffen flüsterschreit: „Na, das Video vom Sturz, hast du schon gefragt?!"

Ich zische: „Geht nicht, der Jan ist doch nicht da!"

Steffen sagt: „Ja, aber die anderen, die haben das doch auch alle!"

Ich schüttle den Kopf. „Das passt jetzt nicht, außerdem will ich keine schlafenden Hunde wecken. Kommst du etwa nur deshalb zu mir in den Unterricht?"

Er senkt den Kopf. „Nee, hab grad wieder Doppelstunde Altgriechisch und bin mit meinem Latein am Ende. Ich brauchte einfach kurz eine Pause."

Ich nicke und klopfe ihm auf die Schulter. „Du schaffst das schon, ich melde mich, sobald es was Neues gibt."

Er nickt und setzt zum Gehen an. Dann dreht er sich noch mal um. „Ach, Schrödi, wo ich dich grad hier hab, wie heißt noch mal dieser eine Typ, aus dieser einen antiken Sage, der immer so umständlich den Stein den Felsen da hochrollen muss, und dann rollt der da immer wieder runter, voll anstrengend." Er hält sich gespielt das Kreuz.

Ich nicke selbstsicher. „Ödipus." Er bedankt sich und geht.

Torben-Manuel meldet sich. „Was wollte der Herr Leffringhausen? Hat er was gesagt wegen der Klausur am Donnerstag?"

Ich setze mich aufs Pult und schüttle nachdenklich den Kopf. „Schon schade, ne? Griechenland: die Wiege der Kultur. Und was ist davon geblieben im kollektiven Gedächtnis? Olivenöl und Staatsschulden."

Anastasia sagt augenrollend: „Was hat er denn jetzt schon wieder?"

Abwesend rede ich weiter: „Man denkt ja immer, das käme alles von den Römern, aber die haben eigentlich nur alle Weisheiten von den Griechen, äh, ge-retweetet, sag ich mal."

Justin meldet sich. „Herr Schröder, wir würden eigentlich gerne jetzt hier in Ruhe arbeiten. Weil, das ist endlich mal 'ne coole Aufgabe."

Ich springe von meinem Pult auf und schnipse in Justins Richtung. „Und genau deshalb mach ich das mit euch! Ich geb's zu: Am Anfang hatte ich große Berührungsängste mit diesen ganzen digitalen Neuerungen." Ich zähle die Neuerungen an den Fingern ab. „Also, Schulcloud, vernetztes Arbeiten, Videocalls, Online-Lernplattformen …" Ich zeige auf meinen Zeigefinger. „Das Wort digital kommt vom lateinischen *digitus* – der Finger. Also ist die Digitalisierung eigentlich nichts weiter als die Verfingerung des Lebens!" Ich blicke aufgeregt in die Klasse. Nichts als Laptop-Getippe und Smartphone-Gewische.

Ich setze neu an. „Irgendwie ist das alles so eine Art, wie soll ich sagen, neue Handschrift. Und selbst Sokrates, der vielleicht größte griechische Philosoph, war damals ja auch zunächst *gegen* die Einführung der Handschrift."

Anastasia deutet auf Justins Laptop. „Guck mal, so kannst du hier beim Padlet das Video einbetten."

Ich werde lauter. „Sokrates war der Meinung, die Handschrift würde zur Verdummung führen, weil man alles einfach nachlesen kann, anstatt es wirklich zu verinnerlichen. Und genau an so einer Zeitenwende stehen wir jetzt auch wieder. Aber *ihr* könnt als digital natives den Unterschied machen, denn ihr beherrscht diese neue Handschrift natürlich spielend. Ihr holt den Laptop mit einer Selbstverständlichkeit aus der Tasche, als wäre es ein Collegeblock. Ihr wisst, wie man einen Hyperlink erstellt und was ein Padlet ist."

Begeistert suche ich Adressaten für meine Botschaft. Keiner reagiert.

„Ihr seid die Experten eurer eigenen Welt!"

Immer noch keine Reaktion.

„Ihr braucht uns nicht!"

Alle starren apathisch auf ihre Laptops.

Ich schreie: „Jetzt hört doch auf, wie hypnotisiert auf diese verdammten Bildschirme zu glotzen!"

Alle schrecken auf und schauen mich entgeistert an.

Torben-Manuel fragt: „Ich dachte, das wäre die Aufgabe?"

Ich brülle: „Das ist doch mal egal jetzt grad. Mir ist eine kleine Inspiration zugeflogen. Ihr könnt hier was lernen! Unterricht ist das, was passiert, während du andere Pläne machst."

Die Schülerinnen und Schüler gucken mich verwirrt an. Manche klappen zögerlich ihre Laptops zu. Andere ziehen unsicher kleine Quadrate auf dem Desktop.

Ich setze mich aufs Pult und senke meine Stimme. „Die Zukunft kommt schneller, als man denkt. Morgen ist heute schon gestern. Und mein Leben beinhaltet halt potenziell viel mehr Gestern als eures. Ihr seid alle voller Morgen. Und kennt euch im Heute aus. Was ich mit dieser ganzen Griechenland-Kiste eigentlich nur sagen wollte: Hätte der Lehrer Sokrates nicht seinen treuen Schüler Platon gehabt", ich blicke sanftmütig in die Runde, „der alles, was der Lehrer so wirr und zusammenhangslos von sich gegeben hat, aufschrieb, so würden wir seine Gedanken heute gar nicht kennen. Sokrates war einfach ein Feind jeglicher externer Archivierung. Eigentlich der erste echte Datenschutz-Freak. Wenn man es genau nimmt: ein ziemlich reaktionärer Spießer. Sokrates hätte heute keinen Social-

Media-Kanal. Und dementsprechend auch keine Reichweite. Das hat alles Platon für ihn geregelt. Die anstrengende Öffentlichkeitsarbeit. Natürlich alles rein platonisch, versteht sich."

Ich lache und imitiere Platon: „Hey, Leute, unser alter Sokrates hat mal wieder ein paar Weisheiten gedroppt, und ich mach daraus grad mal schnell 'ne Story. Swipe up für die Mäeutik. Das muss jeder mitkriegen. Verlinke einen Peloponnesen, dem das gefällt."

Die Schüler schauen mich unsicher an.

„Was ich damit sagen will, ist, dass ich euch natürlich auf die Zukunft vorbereiten werde, so gut ich eben kann. Aber gehen müsst ihr den Weg selbst. Oder wie der gute alte Influencer Sokrates es einst formulierte: ‚... und ist der Schüler nicht wenigstens die Hälfte des Weges alleine gegangen, so hat er nichts gelernt.'"

Murat stupst Justin in die Seite. „Vergleicht Schröder sich gerade mit einem alten griechischen Gelehrten?"

Justin guckt auf seine Uhr. „Keine Ahnung, aber es klingelt eh jede Minute."

Mit feuchten Augen rufe ich: „Wir Lehrer können doch bei der Erfindung der zweiten Handschrift nicht einfach hingehen und sagen: ‚Unterstreicht mal die Adjektive!' Es braucht ein neues Regelwerk für den digitalen Raum. Eine neue Grammatik. Eine Instagrammatik."

Es klingelt. Alle springen auf.

Ich hebe die Arme. „Sagt mal, Leute, immer wenn ich hier mal an einen wirklich wichtigen Punkt komme, wisst ihr das gar nicht zu schätzen."

Alle wuseln durcheinander.

„Wirklich, Perlen vor die Säue, die reinste Sisyphus-arbeit."

Ich stocke.

„Ups."

Kapitel 32

Dienstbesprechung

16 Uhr. Begegnungslounge.

Das Kollegium liegt müde und abgekämpft auf allem, was irgendwie eine Sitzfläche bietet. Frau Windkamp kommt hereinmarschiert. Alle stehen zögerlich auf. Unsere Schulleiterin klatscht in die Hände. „So, wer ist denn mal so gut und macht mir schnell 'n Kaffee?" Mit wachen Augen scannt sie die Runde und überprüft ihre noch bestehenden Allianzen. „Steffen, wärst du so freundlich?" Stoisch bleibt Steffen sitzen und tut so, als hätte er sie nicht gehört. Frau Windkamp steht wie angewurzelt da und fixiert Steffen. Kuschel-Ursel erträgt die Spannung nicht mehr, springt auf und macht Frau Windkamp einen Kaffee.

Ich lache. „Mein Augenlicht freut sich auch, dass Sie heute keinen Sekt dabeihaben, sondern lieber auf Kaffee ausweichen."

Frau Windkamp ignoriert mich, nimmt den Kaffee von Kuschel-Ursel entgegen, trinkt einen Schluck und gibt ihr die Tasse zurück. „Keine Sorge, liebe Schulfamilie, ich mache es kurz und beginne mit dem Erfreulichen. Unsere

Schule ist nominiert für die ‚Goldene Webcam'. Das ist ein Preis für besondere Innovationsbereitschaft im digitalen Bereich. Die große Preisverleihung mit Häppchen und Sauf findet übernächste Woche Freitag in der Stadthalle – na ja – statt. Und weil die Leute, die das organisieren, natürlich total progressive Peoples sind, wird das kein dröges Stelldichein mit Sekt aus der Schnabeltasse und Erdnussflips, sondern ein", sie wirft plötzlich Konfetti in die Luft, „flamboyanter Maskenball."

Ein allgemeines Getuschel hebt an.

Frau Windkamp räuspert sich ostentativ. „Aber keine Panik, nicht wie bei Shakespeare. Sondern viel moderner! Es ist nämlich vorgesehen, dass alle sich ihr Lieblings-Emoji ins Gesicht zaubern. Eben ein bisschen so wie im Internet, nur in der analogen Welt."

Kuschel-Ursel reicht Frau Windkamp ihren Kaffee. „Ich geh als das Smiley mit den Herzaugen."

Ich schnaufe und murmle in mich hinein: „Und ich als das Äffchen, das sich die Augen zuhält."

Steffen ruft: „Ich geh als der lachende Kackhaufen!"

Frau Windkamp stellt ihre Kaffeetasse ab. „Ich kann verstehen, dass ihr jetzt alle total euphorisch seid und euch besprechen wollt, wer als was geht und so weiter, es gibt aber leider noch ein paar Punkte, die ich gerne untergebracht hätte. Geht auch ganz fix, hier bei unserem Jour fixe." Sie lacht kurz über diesen Einfall. „Es gibt natürlich an diesem Abend auch ein kleines Rahmenprogramm. Und wie ihr euch vorstellen könnt, werden die anderen Schulen da nur Käse abliefern, ist ja klar."

Gelächter.

„Da kommt dann wieder die Trommel-AG der Unterstufe und macht diese bekloppte Nummer mit den Plastikbechern." Sie klopft arrhythmisch auf dem Pult herum und imitiert die Nummer übersteigert: „You're gonna miss me when I'm gone." Dann steckt sie sich den Finger in den Hals. Alle schauen sich ungläubig um und wundern sich über die trügerische Beschwingtheit unserer sonst so sachlichen Schulleiterin. Frau Windkamp legt noch einen Zahn zu. „Das können wir natürlich besser! Wäre doch gelacht, wenn die Helene-Fischer-Gesamtschule nichts Musikalisches auf die Beine stellen könnte!"

Zögerlicher Applaus mischt sich mit unsicherem Lachen.

Sie stakst energisch auf und ab. Ihre Absatzschuhe knallen auf das Parkett. „Und damit wir den Pokal nach Hause bringen, müssen wir unsere Kernkompetenz in Sachen Digitales unter Beweis stellen." Sie reißt ihre Augen auf und blickt in die Runde. „Wer ist gut bei Candy Crush?" Alle schauen sich irritiert um. „Kleiner Scherz, was wir brauchen, sind Schüler:innen, die auch mal Nachhilfe auf Twitch streamen oder die vielleicht schon ein Referat auf Insta-Live gehalten haben. Hat jemand da mit seinem oder ihrem Kurs vielleicht was im Kopf, das passen könnte? Einfach so 'ne locker-flockige, zeitgemäße Präsentation? Also, Freiwillige vor!"

Wären wir gerade in einer Videokonferenz, würden alle jetzt so tun, als wären sie eingefroren. Aber wir befinden uns nun mal live und in Farbe in der Begegnungslounge.

Frau Windkamp erhöht den Einsatz. „Nur mal nebenbei erwähnt, die Presse wird natürlich anwesend sein." Sie betrachtet ihre Fingernägel.

Ich schürze meine Lippen, schaue mich um und hebe zögerlich den Arm. „Na ja, Frau Windkamp …"

Sie reißt ihren Kopf herum und schaut mich direkt an.

Vorsichtig rede ich weiter. „Mein Grundkurs Deutsch hat, was dieses Thema betrifft, die Nase meilenweit vorne. Und wie es der Zufall will, arbeiten wir gerade an einem digitalen Projekt, das sich hervorragend für die Außenwirkung der Schule eignen würde und sich auch medial exzellent ausschlachten ließe."

Ein Raunen geht durch den Raum.

„Allerdings" – ich dehne die einzelnen Silben unnötig lange – „ist mein bestes Pferd im Stall aktuell leider – ich sag mal – verhindert." Ich mache große Gänsefüßchen in der Luft und schaue Frau Windkamp vielsagend an.

Sie hält meinem Blick stand. „Herr Schröder, ich finde eigentlich nicht, dass das hierher gehört, aber na gut, dann noch mal für alle: Der Jan aus Herrn Schröders Deutschkurs hat sich wiederholt unerlaubt Zugang zur Schulcloud verschafft. Er hat Stundenpläne verändert, den Speiseplan umgestaltet und für ein unglaubliches Chaos gesorgt. Daraufhin musste er leider suspendiert werden. Und außerdem, und damit komm ich jetzt leider zur nächsten unerfreulichen Nachricht, ist gestern ein Lehrer, wahrscheinlich in Begleitung eines Schülers, in die Schule eingebrochen. Er hat sich *ohne* Absprache nachts mithilfe seines Chips Zugang zur Schule verschafft und empfindliche

Dateien im Hauptserver aufgerufen. Außerdem ist der Saugroboter verschwunden. Am Tatort befanden sich Spuren eines Kampfes."

Kuschel-Ursel stupst mich in die Seite. „Ich fand dieses Ding sowieso gruselig."

Ich zucke mit den Schultern.

Frau Windkamp redet weiter. „Leider ist davon auszugehen, dass es sich bei dem Lehrer um Theo Eisenmann handelt. Ich musste den Kollegen daraufhin leider beurlauben. Was mir auch, wenn ich das so sagen darf, privat Kummer bereitet."

Steffen hebt zögerlich die Hand. „Aber, äh, Frau Windkamp, warum sollte Theo das machen?"

Sie schüttelt den Kopf. „Ich weiß es nicht, aber er war nun mal eingeloggt, und das System macht keine Fehler."

Steffen lacht auf. „Wie bitte? Ich unterrichte jetzt Altgriechisch. Wenn das mal kein Fehler ist! Paris, Athen auf Wiedersehen." Er zwinkert mir zu.

Frau Windkamp steht auf. „Wie auch immer. Ich gehe auf jeden Fall davon aus, dass der Einbrecher nicht alleine war. Der Serverraum sah heute morgen so aus, als hätten da *zwei* Leute gesessen. Außerdem stand da noch eine halb volle Flasche Cola. Was mich vermuten lässt, dass wahrscheinlich ein Schüler dabei war. Ich brauche, glaube ich, nicht auszuführen, wen ich im Verdacht habe."

Ich mische mich ein. „Ich weiß, was Sie jetzt denken, aber ich bezweifle doch stark, dass der Jan seine Zukunft derart gefährden würde."

Frau Windkamp krempelt die Ärmel hoch. „Vollkommen egal, Herr Schröder. Das kriegen wir sowieso raus."

Ich hebe resignierend die Arme. „Frau Windkamp, Sie haben ja mit allem recht, was Sie sagen. Der Jan hat eindeutig den Bogen überspannt, und das muss Konsequenzen haben!"

Sie nickt.

„Aber Sie müssen auch verstehen, da ist ein junger Mensch, der sich plötzlich damit konfrontiert sieht, ein – ich kann es nicht anders sagen – Genie zu sein. Das Drama des begabten Kindes. Welches dann auch noch in eine neue Umgebung geworfen wird."

Frau Windkamps eiserne Gesichtszüge scheinen sich etwas zu entspannen.

Ich lege noch mehr Pathos in meine Stimme. „Frau Windkamp, der hat das doch alles nur gemacht, um Anerkennung zu bekommen. Um irgendwie Fuß zu fassen im Klassengefüge. Wissen Sie, schon Platon hat gesagt …"

Sie unterbricht mich. „Ist gut, Herr Schröder, Sie brauchen das nicht wieder bis ins alte Griechenland zu deklinieren. Sie haben mich überzeugt. Wenn Ihr Grundkurs ein passendes digitales Projekt vorstellen kann, dann soll der Jan – in Zeus' Namen – auch zum Maskenball kommen. Aber seine Suspendierung ist *nur* für diesen Abend aufgehoben!"

Ich recke meine Faust in die Luft.

Frau Windkamp zügelt mich. „Und dann erwarte ich aber auch, dass Ihr ‚bestes Pferd im Stall' an dem Abend eine Teslaspule mit den Füßen bedient oder so was. Nicht vergessen! Zwei andere Schulen sind auch noch im Rennen, und ich will, dass die HFG eine gute Figur macht."

Nach und nach applaudieren alle.

„Vielleicht jetzt am Ende dieser Dienstbesprechung noch als kleine Inspiration: Nach den aktuellen Ereignissen habe ich mich dazu entschlossen, als das Emoji zu gehen, dem der Kopf explodiert."

Alle lachen.

Kuschel-Ursel dreht sich zu mir. „Klasse, Schrödi, jetzt kann der Jan an dem Abend doch kommen! Und ich finde, die Frau Windkamp ist so eine Menschenkennerin. Wie die das grad wieder gemacht hat. Erst was Schönes, dann was Unangenehmes und dann zum Abschluss noch was Erbauliches: Sandwich-Methode."

Ich verschränke die Arme. „Pff, das habe ich noch nie verstanden. Als ob die Brotscheiben beim Sandwich das Positive wären und der Belag das Negative. Es verhält sich doch genau andersrum."

Kuschel-Ursel grinst mich an. „Keine Ahnung, Schrödi, was ich aber sicher weiß, ist, dass du dein Sandwich immer gerne mit Cola runterspülst." Sie zwinkert.

Kapitel 33

Hier ist der erste deutsche Schrödi mit der Mauerschau

Ich muss dahin zurück, wo alles begann. An den Ursprung. Mit belegten Broten in der Tasche ins Habibitat: Sandwich-Methode. Hab mir jetzt auch mal so 'ne E-Scooter-App geholt. Man fühlt sich zwar ein bisschen wie auf diesen ebenerdigen Rolltreppen am Flughafen, aber wenn man sich erst mal dran gewöhnt hat, ist es eigentlich ganz lustig. Ich fahre an einer älteren Frau vorbei, die ein volles Einkaufswägelchen hinter sich herzieht. Sie bleibt kurz stehen und schüttelt den Kopf.

Meine Haare wehen im Wind. Lasst die Zugbrücke herab, der Erlkönig kommt. Doch statt eines bettlägerigen Kindes habe ich gute Neuigkeiten dabei. Mein Grundkurs wird den Hahnenkamm aufstellen, wenn ich erzähle, was soeben bei Hofe entschieden wurde. Der berittene Bote nähert sich mit 17 km/h und 12 Prozent Akku. Hier ist der erste deutsche Schrödi mit der Mauerschau. Torben-Manuel erspäht mich als Erster. Er macht ein paar hektische Gesten, daraufhin werden verschiedene Sachen weggeräumt.

Ich schwinge mich von meinem Gefährt und skandiere:

„Hier ist der Außenkorrespondent, ich bin euer Mann vor Ort, Schrödi von der Vogelweide, er hält stets sein Wort.

Ich bringe frohe Kunde, macht ruhig mit mir ein Selfie, die aktuellsten Weissagungen des Orakels von Delphi."

Justin schmeißt eine leere Dose Monster Energy in den Mülleimer und stöhnt auf. „Was hat er denn jetzt schon wieder?"

Anastasia sitzt auf der Rückenlehne der Bank und schnauft. „Wir brauchen echt mal einen neuen Chill-Platz. Scheißgentrifizierung."

Ich lehne meinen E-Scooter an einen Baum und melde ihn in der App ab. Unangenehm, wie laut das piepst. Ich drehe mich um und widme mich den Kids.

„So, Leute, es naht ein Ende der Intrige,
die Windkamp wird bald still sein, diese olle ..."

Murat unterbricht mich. „Herr Schröder, sagen Sie mal, was Sie wollen, aber bitte ohne Reime, ist voll peinlich."

Ich hebe entschuldigend die Arme. „Ja klar, da seid ihr ausm Hip-Hop natürlich ganz anderes gewohnt. Normalerweise sind meine Reime auch frischer, aber ich hab mir hinten 'n bisschen den Trochäus angezerrt." Ich lache und massiere mir gespielt die Wade. Die offensichtliche Unterwältigung lässt sich im Bushaltestellenhäuschen beinahe mit Händen greifen. Ich ziehe meinen Joker. „Ihr wolltet doch das Digitalprojekt so gerne veröffentlichen. Und ich hab mich da voll hintergeklemmt und der Windkamp noch mal deutlich gemacht, wie wichtig es ist, dass ihr euch zu

100 Prozent mit eurem Projekt identifizieren könnt. Und wenn euch das ein Anliegen ist, dass das für alle Menschen zugänglich ist, quasi barrierefreier Content, dann sage ich: Amen."

Stille. In den Bäumen balzt ein Halsbandsittich.

Ich setze nach. „Also, will sagen, das läuft."

Das Wartehäuschen jubelt auf. Anastasia frohlockt: „Ah, wie geil, das heißt, wir dürfen das Video auf YouTube hochladen?"

Ich ziehe die Augenbrauen hoch. „Ach so. Nee, das weiß ich nicht, aber es wird auf jeden Fall die Möglichkeit geben, den Film am Freitag bei der ‚Goldenen Webcam‘ vorzuführen. Dieser Maskenball. Ihr habt sicher schon davon gehört?"

Alle nicken.

Justin murrt: „Ich schmink mir doch kein Emoji ins Gesicht. Ich komm als Post Malone." Murat gibt ihm einen High five. Torben-Manuel öffnet eine Packung Erdnüsse.

Ich laufe auf und ab. „Das kann wirklich gut werden. Drei Schulen sind im Rennen, da werden bestimmt 600 Leute sein oder so. Euer Video wird richtig abräumen, da bin ich sicher. Und das mit YouTube kriegen wir dann auch noch hin."

Anastasia lässt eine Kaugummiblase platzen. „Herr Schröder, ganz ehrlich: Ohne Jan wird das nicht so geil. Der kann so was einfach."

Ich lache siegessicher in mich hinein. „Jaaaaaaa, liebe Anastasia. Da hast du mir den Ball jetzt aber genau auf den Elfmeterpunkt gelegt. 89. Minute. Schrödi nimmt Anlauf, um die Pille ins gegnerische Netz zu ballern. Eine Nation hält den Atem an. Jetzt gilt es. Schließlich will man sich nachher vor der Sponsorenwand mit dem Mikro vor der Nase nicht Kritik und Spott anhören müssen."

Justin ruft: „Herr Schröder, was wollen Sie?"

Ich lächle versonnen. „Ach, eigentlich nicht viel, Gesundheit und immer 'ne Handbreit Wasser unterm Kiel."

Das Bushaltehäuschen stöhnt auf. Anastasia ruft: „Nicht schon wieder diese Reime. Kommen Sie bitte zum Punkt, wir müssen bald auch los."

Ich lehne mich gegen eine Laterne und schaue in den Herbsthimmel. „Jeder Einzelne und jede Einzelne von euch hat eine zweite Chance verdient. Von mir aus auch eine dritte oder vierte. Und um euch dabei zu helfen, euer volles Potenzial auszuschöpfen, muss man manchmal nicht nur über den Tellerrand hinausgucken, nein, man muss sogar die Küche verlassen. Und das habe ich gemacht. Mehr als einmal sogar. Und bei einer dieser Erkundungstouren habe ich auch ganz schön viel riskiert. Aber genug von mir. Es geht ja gar nicht um mich. Klar, ich habe das jetzt auf den Weg gebracht, aber gehen müsst ihr jetzt selber. Denn wie hat schon Sokrates gesagt: Ist der Schüler nicht die Hälfte des Weges alleine gegangen ..."

Anastasia schaut von ihrem Handy hoch und ruft: „Leute, der Jan hat mir grad geschrieben, er darf bei unserem Videoprojekt mitmachen und wird auch zum Maskenball kommen!" Die Schüler springen vor Freude auf der Stelle und jubeln.

Mein Job ist hier getan. Ich klatsche in die Hände und

sage: „Gern geschehen. Ihr wisst doch, auf Schrödi ist Verlass."

Justin ruft: „Okay, Leute, lass alle zu Jan fahren. Wir können den 618 nehmen." Wie gerufen, biegt ein Bus um die Ecke.

Im Davonlaufen dreht sich Anastasia noch mal zu mir. „Danke, Herr Schröder, wir wissen das echt zu schätzen."

Ich winke und lächle. „Klar, Leute, euer Schrödi für euch im Einsatz." Ich gehe zurück zu meinem E-Scooter. Also, eigentlich ist es gar nicht meiner. Nur temporär geliehen. Aber das ist ja immer so. Haben wir nicht auch die Erde von unseren Kindern temporär geliehen? Jetzt, wo die Sonne langsam untergeht, wird es kühl. Ich mache meine Jacke zu und hole mein Handy raus. Schon praktisch. Da drückt man einfach einen Knopf in einer App, und schon kann man mit dem Scooter nach Hause brausen.

Ich scanne den QR-Code. Mein Smartphone zeigt an: „Die Akku-Leistung reicht nicht mehr für eine weitere Fahrt."

Kapitel 34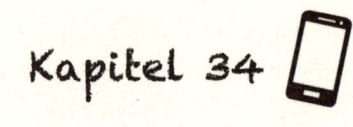

Währenddessen auf Threema

Jan: So, hier sind wir jetzt aber wirklich sicher

Justin: Mir ist schwindelig

Jan: Was machen

Murat: Sind Habibitat. Chilln noch bisschen dann heim

Justin: Jan komm rum

Zoey: We miss u <3

Torben-Manuel: Was ist jetzt mit Donnerstag? Schreiben wir die Arbeit beim Leffringhausen?

Murat: Alter. Torben. Maul.

Anastasia: Scheiße Leute, da vorne kommt Schrödi

Justin: Ernsthaft auf nem E Scooter. Ist dem denn nichts heilig?

Murat: Schämt er sich nicht? Er sieht aus wie ein Verkehrspolizist

Jan: Lasst den mal. Hat mir echt geholfen der Schrödi. Hab da auch Neuigkeiten

Anastasia: Schrödi ist am reimen :'(

Justin: Die Chilligkeit hat das Habibitat verlassen.

Zoey: Ey erst Insta, jetzt Habibitat, ist kein Ort sicher vor ihm?

Jan: Leute, die Windkamp hat eben höchstpersönlich angerufen!

Murat: KRass, was wollte sie?

Jan: Ich darf bei eurem Digitalprojekt mitmachen. Und am Freitag sogar in die Stadthalle!

Anastasia: :O

Justin: :O

Murat: :O

Zoey: :O

Torben: Was ist denn jetzt am Donnerstag? Mitose oder Meiose?

Jan: Kommt vorbei, meine Eltern sind beim Tanzkurs

Anastasia: ja wie geil, nix wie weg hier

Murat: Nehmen jetzt die 618. Sind in 20 Minuten da

Zoey: geil geil geil

Justin: Voll traurig, der Roller vom Schrödi ist leer

Anastasia: Bis gleich Jan. Das Video wird so geil!

Jan: :)

Kapitel 35

Die Zerstörung der HFG

„Halt still!", zischt Zeynep. Sie steht vor mir. Ich sitze. In der einen Hand hält sie meinen Kopf, in der anderen einen mattschwarzen Kajalstift. Das Licht des Schminkspiegels blendet.

„Wuff", entgegne ich. „Was für ein Hund werde ich denn?"

Zeynep schaut mich streng an. „Schrödi, AUS! Guck nach links oben." Vorsichtig führt sie den Stift mein Augenlid entlang. Ich rieche ihr Zedernholz-Parfum. Sie dreht meinen Kopf in die andere Richtung. „So, jetzt guck mal bitte nach rechts oben." Ich schaue direkt in ihr Gesicht. Ihre Nase zieren einige Schnurrhaare, und auf dem Kopf trägt sie zwei silberne Paillettenöhrchen. Konzentriert legt sie den Kopf schräg und trägt die Farbe auf.

„Sag mal, Zeynep, weißt du eigentlich, was Goethe meinte mit *des Pudels Kern*?"

Sie gibt mir eine kleine Backpfeife. „Schrödi, AUS! Hörst du jetzt auf!" Ich schweige. Sie tätschelt mich am Kopf. „Brav, braver Schrödi."

Die Badezimmerlüftung springt an. Ich schaue auf

meine Armbanduhr. „Du, sollten wir nicht langsam mal los?"

Sie nickt eifrig. „Ja, Frauchen ist gleich fertig, dann holen wir deine Leine, und los geht's." Sie malt einen letzten Strich, tritt einen Schritt zurück und betrachtet stolz ihr Werk. Dann klatscht sie in die Hände und ruft: „Ciao, Bello!" Nachdem sie mir ein kleines Küsschen gegeben hat, hüpft sie auf Katzenpfoten aus dem Badezimmer.

Kurz schaue ich ihr hinterher und werfe dann einen Blick in den Spiegel. Dort erkenne ich das zufriedene Gesicht eines sieben Jahre alten (in Hundejahren) Familienhundes. Dann entdecke ich, dass sie mir zusätzlich noch ein Hashtag auf die Wange gemalt hat. Ich lache und rufe ins Wohnzimmer: „Ah, jetzt verstehe ich, ich bin ein Golden Retweeter!"

Nach 15-minütiger Fahrt steigen wir aus dem Taxi. „Sag mal, Schrödi, hast du dem Mann gerade *acht Euro* Trinkgeld gegeben?"

Ich wische mir eine Träne aus dem Gesicht. „Seine Geschichte hat mich so berührt."

Das Foyer der Stadthalle ist festlich erleuchtet. Grüppchenbildung an Stehtischen. Ein Zebra kommt mit einem Tablett mit Sektgläsern auf uns zu und fragt: „Mit oder ohne?"

Wir gucken uns kurz an und sagen gleichzeitig: „Mit!" Dann steuern wir einen der freien Stehtische im hinteren Bereich des Foyers an. Zeynep nippt am Glas und schaut sich um. „Kennst du schon wen?"

Ich schüttle den Kopf und nestle an der Husse. „Die sind

alle von den anderen Schulen." Ich nehme einen tiefen Schluck Sekt. „Von der HFG ist meines Erachtens noch niemand da."

Plötzlich zeigt Zeynep auf die gegenüberliegende Seite des Raumes. Anne Windkamp steht, verkleidet als das Emoji mit dem Heiligenschein, im Blitzlichtgewitter vor einer Sponsorenwand und redet in ein Mikrofon. Darüber prangt ein Banner mit der Aufschrift: „Die Goldene Webcam 2021". Wie zwei Tatort-Kommissare bei der Beschattung beobachten wir die Szenerie von Weitem. Zeynep steckt sich eine Handvoll Nüsse in den Mund. „Schau sie dir an, Schrödi. Wie sie dasteht. So selbstsicher und gefallsüchtig."

Ich schüttle verächtlich den Kopf. „Mann, mann, mann. Falschheit, dein Name ist Windkamp." Großspurig gestikulierend, bauen ihre Hände die prachtvollsten Luftschlösser. Ich stütze mich auf den Stehtisch. „Unfassbar. Die gleiche Choreografie wie bei ihrer Antrittsrede im Lehrerzimmer. Ein Lachen hier, ein Haarezurückwerfen da, und schon liegen ihr alle zu Füßen."

Die Nummer ist vorbei. Die Fotografen und der Mensch mit dem Mikro bedanken sich und verlassen das Foyer. Zeynep schnappt sich mein leeres Sektglas. „Ich hole mal Nachschub."

Verträumt lächle ich ihr hinterher. Jemand stupst mich in die Seite. „Na, mein kleines Schoßhündchen." Das Emoji mit den Herzaugen hat sich herangeschlichen.

„Hallo, Ursi."

Konspirativ zieht sie mich zu sich runter und schaut

Richtung Bar. „Seid ihr jetzt fest zusammen, du und Zeynep? Also, ist sie dein Frauchen?"

Noch leicht weggetreten, entgegne ich: „Ach, Ursel, Labels sind nur wichtig, wenn man ein Musikalbum vermarkten möchte."

In ihren Herzaugen ploppen große Fragezeichen auf.

Ich wechsle das Thema. „Hast du Steffen schon gesehen?" Die Herzen schaukeln von links nach rechts. Zeynep kommt mit drei Gläsern zurück.

Kuschel-Ursel gluckst vergnügt. „Hast du mir auch eins mitgebracht, Zeynep? Das ist ja aufmerksam von dir. Ich find das eh super, wie du da unten den Laden schmeißt. Nur das Fondue lag mir 'n bisschen schwer im Magen."

Zeynep lacht. „Ja, das war auch nicht meine Idee." Sie schickt mir einen giftigen Blick rüber. „Nächste Woche gibt's wieder Polenta, versprochen." Dann reicht sie Kuschel-Ursel das Glas, und wir stoßen an. Pling.

Ich bringe einen Toast aus. „Ursula, Zeynep, schön, dass ihr da seid. Auf die HFG: die Lösung und die Ursache all unserer Probleme." Wir lachen und stürzen die handwarme Sektsuppe runter.

Plötzlich deutet Ursel mit ihrem leeren Glas Richtung Eingang. „Guckt mal, wer da kommt." Ein bebrillter Kackhaufen steuert auf uns zu.

Ich haue ihm auf die Schulter. „Na, Steffen, wie läuft's?"

Er deutet auf sein Gesicht. Ich nicke. Dann nimmt er mich zur Seite. „Schrödi, läuft alles nach Plan?"

Ich nicke abermals. „Ja klar, ich hab schon um die 0,6 Promille."

Er greift mich am Arm. „Du weißt, was wir besprochen haben. Wir bringen das heute Abend zu Ende. Ein für alle Mal."

Ich befreie mich aus seinem Griff. „Alles easy. Wir stellen sie nach der Schülerpräsentation auf der Bühne zur Rede. Lass mich nur machen."

Zeynep unterbricht uns. „Hey, Schrödi, hör auf, an dem Kackhaufen zu schnuppern, das ist nicht dein Revier hier. Komm bei Fuß, es geht gleich los."

Die Massen schieben sich schwerfällig durch die Flügeltüren in den großen Saal. Weit und breit keine Schüler. Wo sind die denn?

Als alle Gäste sich auf ihren Plätzen eingefunden haben, wird das Licht gedimmt. Nach einer Anmoderation aus dem Off betritt der – mir nicht näher bekannte – Moderator des Abends die Bühne. Sein Emoji der Wahl ist das Tränen-Lach-Smiley. „Guten Abend, behalten Sie ruhig Platz, es ist auch für mich die sechste Stunde!" Hektisch läuft dieser aufgeweckte Mittvierziger auf der Bühne hin und her und fummelt an seinem Ansteckmikro herum. „Leute, ich bin der Herr Meier, meines Zeichens Deutsch- und Englischlehrer an der ABR – also: Andrea-Berg-Realschule."

Erste Lacher gehen durch die Reihen.

„Wir haben ein straffes Programm vor uns, aber ich verspreche euch: Wenn ihr GUT mitmacht, dann mach ich fünf Minuten früher Schluss." Der Saal tobt. Zwischenapplaus. Ich drehe mich zu Zeynep und stecke mir den Finger in den Hals.

Herr Meier redet weiter. „Wir haben uns heute hier versammelt, um Herrn Schmolke und Konsorten mal zu demonstrieren, was sich seit der Feuerzangenbowle so alles weiterentwickelt hat, hab ich recht?" Er guckt herausfordernd ins Publikum, und alle rasten aus. Ich verschränke die Arme.

„Also, noch mal offiziell. Herzlich willkommen zur Verleihung der Goldenen Webcam 2021!" Applaus. „Drei Schulen sind nominiert, und nur *eine* kann die heiß begehrte Trophäe mit nach Hause nehmen!" Er deutet auf die goldene Webcam, die am rechten Bühnenrand auf einem Sockel steht. Applaus. Vereinzelt wird gepfiffen. Ein paar mir fremde Schülerinnen und Schüler schwingen ihre Jacken über dem Kopf. Von meinem Grundkurs ist noch immer niemand zu sehen. Ich schicke Jan eine SMS. „Hey, wo seit", ich korrigiere, „seid ihr?" Ich stecke das Handy weg und zuppel Zeynep am Ärmel, doch sie schlägt meine Hand weg. „Lass mal, Schrödi, ich will zuhören."

Verwundert schaue ich Zeynep an. Gebannt guckt sie Richtung Bühne. Der Lehrer-Comedian fährt fort. „An alle Zukunftsfanatiker: Das Problem sind ja nicht WLAN, Laptops oder Smartboards. Das Problem ist: Wo sind die motivierten Schüler, die uns Lehrern diese Geräte erklären?" Alle flippen aus. Entnervt drehe ich mich zu Zeynep und raune: „Ich geh mir mal kurz das Näschen pudern." Wie elektrisiert starrt sie auf die Bühne. Ich schiebe mich durch die engen Reihen.

Es ist frisch draußen. Ich schlage meinen Kragen hoch und kremple meine Ärmel runter. Blick aufs Handy. Keine neue Nachricht. Seltsam ist das alles. Ich schlendere den

Bürgersteig entlang und passiere einen Zigarettenauto-
maten. Aus alter Gewohnheit gucke ich nach, ob jemand
sein Wechselgeld vergessen hat. Das Einzige, was mich am
Rauchen reizt, ist, dass man damit immer eine Entschuldigung hat, mal kurz für zehn Minuten zu verschwinden.
Gemeinsames Rauchengehen ist der Privatchat des Lebens. Ich schlendere weiter. Plötzlich entdecke ich einen
roten BMW Z3. Moment mal, ist das nicht Theos Wagen?
Ich fotografiere das Auto mit meinem Handy und gehe
wieder zurück in die Stadthalle.

Als ich den Saal betrete, stelle ich zu meiner Freude fest,
dass Herr Meier die Bühne zugunsten einer Schülerband ge-
räumt hat. Jedes Mitglied der Band trägt im Gesicht das Emoji mit dem geschlossenen Reißverschluss auf dem Mund. Das
Publikum hat sich von seinen Plätzen erhoben und klatscht
gegen den Takt von „Another Brick In The Wall" – Pink Floyd.
Ich schlängle mich zurück an meinen Platz. Zeynep hakt sich
bei mir ein, und wir fangen an zu schunkeln. „All in all you're
just another brick in the wall." Düdelüdüdü. Ich singe mit.
„We don't need no education." Düdelüdüdü. „We don't need
no thought control." Düdelüdüdü.

Ich schreie Zeynep ins Ohr: „Toller Song. Was haben wir
früher dazu getanzt! Eine Hymne für das Aufbegehren,
gegen das Establishment. Die doppelte Verneinung ‚we do
not need no' betont den empfundenen Unmut der Lernen-
den noch mal zusätzlich."

Zeynep schüttelt energisch den Kopf und ruft: „Time
Life Music präsentiert: die größten Rockklassiker aller Zeiten, von Schrödi kaputt geredet."

Ich rufe noch lauter: „Man könnte sagen, jeder ‚brick'
steht für einen Schüler oder eine Schülerin in der Wand.
Die Wand steht metaphorisch für das Bildungssystem, das
sich einfach nicht verändern will. Du musst wissen: Das
Wort Wandel besteht ja zu 80 Prozent aus Wand. Apropos."
Ich hole mein Handy hervor und halte es Zeynep vor die
Nase. „Ist das nicht Theos Auto?"

Sie schaut auf das Display. „Ach, das verstehst du unter
‚Näschen pudern'. Inspektor Schrödi ermittelt. Ja, das ist
Theos Auto."

Mein Blick scannt den Raum und wandert langsam nach
oben in den Bereich, wo die Scheinwerfer hängen. Was hat
Theo vor? Vielleicht klettert er da oben irgendwo rum und
will sich später publikumswirksam abseilen. Das war so
aber nicht abgesprochen!

Die Band ist fertig. Der Sänger schmeißt irgendwas ins
Publikum, und der Gitarrist tut kurz so, als würde er sei-
ne Gitarre auf dem Verstärker zerschmettern. Der lustige
Lehrermoderator Herr Meier kommt mit großen Schritten
zurück auf die Bühne und zeigt noch mal auf die Musiker.
Die fünf verbeugen sich und gehen ab. „Das waren die Red
Hot Chili Pupils vom Florian-Silbereisen-Gymnasium. Ein
Applaus noch mal, das habt ihr ganz, ganz toll gemacht!
Da war schon viel Schönes dabei. Eine klare Drei plus."
Alle lachen und applaudieren.

Ich rolle mit den Augen und murmle: „Stümper." Zeynep tätschelt meinen Arm.

Herr Meier räuspert sich. „Leute, ihr müsst jetzt ganz
stark sein. Es folgt der erste Redebeitrag des Abends."

Ein Stöhnen geht durch den Raum. Beine werden übereinandergeschlagen und Programmhefte durchgeblättert. „Die einen sagen, Herr Schmolke wäre nur ein alter weißer Mann aus dem Kultusministerium, der den Schuss nicht gehört hat, die anderen stimmen dem absolut zu." Gelächter. „Lassen Sie sich von der Gestrigkeit seines äußeren Erscheinungsbildes nicht täuschen, inhaltlich wird es wahrscheinlich noch schlimmer."

Applaus.

Herr Schmolke, im Gewand des Äffchens, das sich die Ohren zuhält, betritt lachend und kopfschüttelnd die Bühne, zeigt auf seine Verkleidung und sagt: „Ich hab zwar akustisch nicht alles verstanden, aber einen Applaus bitte für Herrn Meier von der ABR, der den Abend hier einfach mal so locker-flockig wegmoderiert." Applaus. Die beiden umarmen sich. Herr Meier geht breit grinsend ab.

Dann zeigt Herr Schmolke in den hinteren Bereich des Saals. „Und auch mal einen großen Applaus für die Leute an der Technik." Alle drehen sich um und applaudieren. Ein großer brauner Bär hebt demütig die Pfoten und zeigt auf einen schlaksigen Leguan, der an irgendwelchen Knöpfen herumdreht. Herr Schmolke legt ein üppiges Skript auf das Pult und hebt an:

„Liebe Schülerinnen und Schüler, liebe Lehrerinnen und Lehrer, liebe Eltern." Zeynep legt ihren Kopf auf meine Schulter. „Im Spannungsfeld zwischen digitalem Wandel und den dafür erforderlichen Zukunftskompetenzen müssen wir alle ein Stück weit die Komfortzone verlassen und bereit sein, ausgetretene Pfade ..."

Meine Augen fallen zu. Es vibriert in meiner Brusttasche. SMS von Jan. „Keine Sorge, Herr Schröder. Wir werden da sein. Allerdings mit der Golden Gate Bridge im Hintergrund ;)" Vorsichtig stecke ich das Handy weg. Zeynep ist an meiner Schulter eingeschlafen. Ich gucke mich unauffällig im Saal um. In meinem Kopf erklingt die *Mission Impossible*-Melodie. Dam dam dam dam, dam dam dam dam. Wer ist der Astronaut, der hinter der Bar gerade ein Weinglas abtrocknet? Wer versteckt sich hinter dem Emoji mit der Sonnenbrille? Der Typ steht den ganzen Abend schon neben der Bühne, obwohl noch Stühle frei wären. Ein Schüler, der als das schnarchende Emoji verkleidet ist, ist tatsächlich eingeschlafen.

Meine Brusttasche vibriert erneut. „Schauen Sie nicht so verwirrt, Herr Schröder. In wenigen Minuten wissen Sie mehr." Ich springe auf. Zeynep schreckt hoch.

„Sag mal, Schrödi, was ist denn jetzt los?"

Ich schaue von links nach rechts. „Die planen irgendwas. Die sind hier. Aber ich weiß nicht, wo."

Zeynep reibt sich die Augen. „Wer denn, was denn? Wovon redest du?"

Herr Schmolke ist fertig mit seiner Rede. Ein warmer Höflichkeitsapplaus brandet auf. Ich versuche Jan anzurufen. Mailbox. „So ein Mist!" Ich stecke das Handy weg. Herr Schmolke hebt die Hand zum Schweigefuchs.

„Nun kommen wir zum Herzstück des heutigen Abends. Die Schülerpräsen. Verzeihung, die Schüler:innen Präsentationen, daran muss ich noch arbeiten." Er lacht unsicher, vereinzelt wird applaudiert. „Die erste nominierte Schule ist die HFG. Und dazu rufe ich jetzt die erst seit wenigen Monaten diensthabende Schulleiterin Frau Windkamp unter Ihrem frenetischen Applaus, meine Damen und Herren, auf die Bühne. Also noch mal vernünftig: Frau Anne Windkamp!" Er zeigt ins Off, und das Emoji mit dem Heiligenschein tritt aus dem Dunklen ins Licht. Selbstsicher richtet sie sich das Mikrofon ein, ohne den Blick vom Publikum zu nehmen, und komplimentiert Herrn Schmolke von der Bühne, der fast in ihrer Umlaufbahn zu verglühen droht.

Nach einer schwerelosen Wirkungspause ergreift Frau Windkamp das Wort. „Als mir damals die Aufgabe zugetragen wurde, die Schulleitung der HFG zu übernehmen, hab ich schon erst mal in mich gehorcht. Anne, kannst du das? Ist es das, was du willst? Bist du dafür die Richtige? Und nach den vergangenen Monaten kann ich nur sagen: Ich hab keine Ahnung."

Einzelne Lacher werden laut.

„Was ich aber mit Fug und Recht sagen kann, ist: Ich habe mein Bestes gegeben. Aber warum soll ich mir hier den Mund fusselig reden, es wurden ja schon genug Worte heute Abend verloren." Sie schaut zu Herrn Schmolke im Publikum, der verkniffen lächelt. „Lassen wir doch einfach mal diejenigen sprechen, um die es geht: die Schüler:innen." Applaus. „Oder um es mit den Worten von Herrn Schröder zu sagen, der der Schirmherr der folgenden Aktion ist: ‚Wollt ihr 'n Film gucken?'" Gelächter und Applaus. Eine Leinwand wird heruntergefahren. „So, ich sag einfach mal: Film ab. Ehrlich gesagt, weiß ich selbst nicht, was uns erwartet, das war alles last minute."

Zeynep flüstert mir ins Ohr. „Kennst *du* den Film eigentlich schon?" Ich schüttle den Kopf und starre wie gebannt auf die Leinwand.

Der Saal wird komplett verdunkelt, und das Video beginnt:

„DAS MOTIV DES HOCHSTAPLERS – VON ANASTASIA, JUSTIN, MURAT, ZOEY, TORBEN UND JAN"

Hochformat. Selfie-Cam. Man sieht Zoey auf dem Schulhof. Sie hält ein Buch in die Kamera. „Das ist ‚Kleider machen Leute' von Gottfried Keller. Abi-Thema. Haben Sie nicht gelesen? Nicht schlimm. Wir auch nicht. Darum soll's heute auch nicht gehen." Sie schmeißt das Buch in hohem Bogen in einen Mülleimer. Schnitt. Eine heimlich gefilmte Sequenz aus meinem Unterricht ist zu sehen. Ich stehe vor dem Smartboard, auf dem MegaLena gerade ihren Hüftschwung präsentiert. Anastasias Stimme kommentiert aus dem Off: „Hier sehen wir gleich zwei Hochstapler auf einmal. Der einzige Unterschied neben dem offensichtlichen ist die Reichweite."

Das Publikum krümmt sich vor Lachen.

„MegaLena hat circa zwei Millionen Follower:innen. Herr Schröder aktuell nur … Moment, schauen wir mal nach." Ein Screenshot meiner Insta-Seite erscheint. 12.000 Follower. Ein Raunen geht durch den Saal. Erschrocken stehe ich auf und greife nach meinem Handy. SMS von Jan. „Sie müssen nicht nachschauen, Herr Schröder, die Zahlen stimmen ;)" Völlig entgeistert schalte ich mein Handy aus und blicke mich um.

Zeynep fasst mich am Arm. „Alles okay?"

Ich nicke benommen.

Anastasia im Film redet weiter. „12.000 Follower. Für einen gewöhnlichen Deutschlehrer ohne Content nicht schlecht. Das kann eigentlich nur Elyas M'Barek toppen." Gelächter. „Was die Likes angeht, haben wir etwas nachgeholfen." Man sieht animierte Dollarnoten durchs Bild fliegen. „Aber der Content ist auch Premium!"

Schnitt. Mein Sturz-Video aus der Turnhalle wird abgespielt.

Gelächter.

Heilige Muttergottes! Ich springe auf und zeige aufgeregt auf die Leinwand. „Da, haltet den Film an, wo ist die TÜV-Plakette?"

Alle drehen sich nach mir um und schauen mich mitleidig an. Zeynep versucht mich zu beruhigen. „Schrödi, lass uns das doch nachher in Ruhe klären."

Ich reiße mich los. „Nein, das muss jetzt geklärt werden!" Ich rufe zur Saaltechnik: „Hey, Leguan, spul nochmal zurück!" Keine Reaktion. Leguan und Bär stehen mit verschränkten Armen vor dem Pult und rühren sich nicht. Ich schaue wieder nach vorne.

Anastasia im Film fährt fort: „Das ist das Problem bei Hochstaplern. Irgendwann stürzen sie ab." Mein Sturz wird noch mal gezeigt und im Zeitraffer ein Dutzend Mal wiederholt, unterlegt mit hektischer Stummfilmmusik. Das Publikum johlt.

Anastasia ist wieder zu hören. „Und damit kommen wir auch schon zum nächsten Hochstapler. Oder besser gesagt, zur nächsten Hochstapler*in*."

Im Publikum wird getuschelt. Frau Windkamp läuft nervös auf der Bühne hin und her und flüstert dem Moderator etwas ins Ohr. Herr Meier rennt nach hinten.

Auf der Leinwand ist das Foto von Anne Windkamp und Elon Musk zu sehen. „Ein schönes Foto, nicht wahr? Aber wie gefällt Ihnen *dieses* Foto?" Man sieht das gleiche Foto, nur dass neben Elon Musk jetzt eine andere Frau steht. Im Publikum wird aufgeregt getuschelt.

Lehrer-Comedian Meier kämpft sich derweil weiter durch Richtung Technik.

„Das neben Elon Musk ist Talulah Riley, seine Ex-Frau. Dank Photoshop kam Frau Windkamp in den Genuss, kurz neben dem milliardenschweren Tesla-Chef zu stehen."

Herr Meier hat das Technikpult erreicht. Der Bär stellt sich ihm breitbeinig in den Weg.

„Mein Gott. Ein bisschen hochstapeln, ein bisschen faken, das haben wir ja alle schon gemacht. Kein Problem. Das ist aber leider nicht alles."

Schnitt. Querformat. Unscharf sieht man Kuschel-Ursel beim Gießen der Korridorpflanzen. Ein paar Kinder laufen durchs Bild. Mir stockt der Atem. Hat Jan sich damals etwa die Aufzeichnungen vom Saugroboter runtergeladen?

Anastasias Stimme kommentiert die Szene: „So harmlos das auch anmuten mag, so unheilvoll der Hintergrund. Was Sie hier sehen, meine Damen und Herren, sind Aufzeichnungen eines Saugroboters an der HFG, der von einem chinesischen Investor mit einer kleinen, unauffälligen Kamera ausgestattet wurde."

Einige Eltern stehen auf und machen ihrem Unmut Luft.

Herr Meier versucht immer noch, an dem Bären vorbei an das Technikpult zu gelangen, doch er hat keine Chance gegen das Tier.

Anastasia spricht weiter. „Wahrscheinlich haben Sie alle jetzt viele Fragen. Wir HFG-Schüler:innen übrigens auch. Nur so viel: Frau Windkamp hat unsere Schule in ein digitales Testlabor verwandelt." Man sieht einzelne Screenshots aus dem verschlüsselten Bereich der Schulcloud. Schülernoten, Adressdaten, Mitschnitte aus dem Online-Unterricht. „All diese sensiblen Daten wurden verkauft, weil es Frau Windkamp nicht reichte, einfach eine Schulleiterin zu sein. Und jetzt weiß dieser chinesische Konzern wirklich alles über uns. *Wie lange* der kleine Marvin an seinem Aufsatz sitzt, *wie lange* Justin aufs Klo geht und *ob* er überhaupt geht und nicht nur eine raucht. Alles festgehalten und analysiert. Unsere Laptops waren schließlich auch – ich sag mal – made in China. Anstatt dafür zu sorgen, dass wir vernünftig unterrichtet werden, hat Frau Windkamp uns zu Laborratten für irgendeine ominöse künstliche Intelligenz gemacht. Oder um es in unserer neuen Sprache zu sagen", ihre Stimme klingt plötzlich blechern, wie von einem Roboter, „1.0.0.0.1.1.1.0.0.1."

Mittlerweile ist der gesamte Saal auf den Beinen.

Einige telefonieren.

Andere beruhigen ihre Kinder.

Herr Meier hängt beim Bären im Schwitzkasten. Frau Windkamp steht vollkommen regungslos neben der Leinwand.

Zeynep zeigt mir ihr Handy. „Guck mal, die streamen

das parallel sogar auf Instagram. Ich würde sagen, die Goldene Webcam ist deinem Grundkurs sicher."

Ich lache hysterisch. „Zeynep, mir fällt gleich der Himmel auf den Kopf."

Sie küsst mich. „Hab keine Angst, alles wird gut."

Wir umarmen uns. Je größer das Chaos um einen herum ist, desto mehr muss man sich aneinander festhalten.

Das Video neigt sich dem Ende zu. Anastasias Stimme sagt: „So. Ich hoffe, ihr habt aufgepasst. Das war alles klausurrelevant. Lasst uns gern ein Like und ein Follow da und vergesst nicht zu kommentieren. Apropos kommentieren." Plötzlich wird ein Spotlight auf Frau Windkamp gerichtet. Ich schaue zum Technikpult und sehe den Leguan am Scheinwerfer.

Frau Windkamp blickt stumm in den Lichtkegel. Anastasias Stimme ertönt feierlich: „Bitte, Frau Windkamp. The stage is yours. Was haben Sie zu Ihrer Verteidigung vorzubringen?"

Der Film endet. Mit einem leisen Surren wird die Leinwand hochgefahren. Ansonsten herrscht absolute Stille. Erbarmungslos ruht der Lichtkegel auf unserer noch amtierenden Schulleiterin. Alle schauen zur Bühne. Frau Windkamp stützt sich auf das Rednerpult und lässt ihren Blick schweifen.

„Das gefällt euch jetzt, ne?"

Sie holt eine Schachtel Zigaretten aus ihrer Innentasche, steckt sich eine an und pustet den Rauch in die Stille. „Habt ihr Angst um eure Daten? Denkt ihr, dass die bösen Chinesen kommen und eure Kinder fressen?" Sie lacht höhnisch. „Ich will euch mal was sagen zum Thema Datenschutz." Sie macht eine undeutbare ausladende Geste. „Euer Eierkocher weiß mehr über euch als eure Ehepartner:innen. Es ist vollkommen egal, ob ihr eure impulsiven Kommunikations-Spasmen auf Signal, Telegram oder sonst wo abspult, es wird sowieso alles zu jeder Zeit festgehalten." Sie nimmt einen tiefen Zug. „Alles, was ich wollte, war, die HFG endlich ins 21. Jahrhundert zu führen. Kurze Frage: Wem würdet ihr die Zukunft eurer Kinder lieber anvertrauen? Elon Musk – oder Herrn Schmolke, dem Äffchen vom Kultusministerium, das sich die Ohren zuhält? Letztlich ist das euch überlassen. Ich hatte stets das Beste für die Kinder im Sinn. Zugegeben: Ich bin vielleicht einen Schritt oder zwei zu weit gegangen, aber zumindest schon mal in die richtige Richtung. Seit ich Schulleiterin der HFG bin, hat jedes Kind endlich mal einen vernünftigen Laptop. Jede Schülerin und jeder Schüler ist ständig erreichbar. Ich habe die Schule digital revolutioniert! Was meinen Sie denn, warum wir heute Abend hier sind, bei der Verleihung der Goldenen Webcam? Es geht doch um die Zukunft dieser jungen Generation! Und da ist Angst kein guter Berater. Das Fundament von Luftschlössern fußt selten auf Bedenkenträgern. Alles, was ich Ihren Kindern mitgeben wollte, war ein bisschen Mut."

Mit einem Mal stößt sie wütend das Rednerpult um, und ein ohrenbetäubendes Fiepen dröhnt aus den Boxen. Alle halten sich die Ohren zu, bis auf Herrn Schmolke. Der Bär versucht ans Mischpult zu gelangen und gleichzeitig Herrn Meier nicht aus dem Würgegriff zu lassen.

Er schafft es gerade, die Boxen stummzuschalten, als der sichtlich ramponierte Deutschlehrer-Comedian sich befreit und dem Bären mit einem Ruck den Kopf abzieht. Ich erkenne das verschwitzte Antlitz von Trillerpfeifen-Theo. Im Affekt haut Theo Herrn Meier den Ellenbogen auf die Nase. Dieser sackt sofort in sich zusammen.

Überfordert schaut sich der kopflose Sportlehrer-Bär um, registriert meinen Blick, winkt, zeigt auf den Kollegen am Boden und zuckt mit den Schultern. Dann guckt er erschrocken auf die Bühne. Ich folge seinem Blick und sehe, dass die Bühne vollkommen leer ist. Auch die Goldene Webcam ist verschwunden.

Eine Stunde später.

Die meisten Eltern sind mittlerweile nach Hause gegangen. Ich sitze mit Zeynep an der Bar und starre in mein leeres Glas. Neben uns sitzt Theo. Immer noch im Bärenkostüm. Ich schwenke den Schaum am Boden des Glases von links nach rechts und drehe mich zu Theo.

„Theo, äh, wo fang ich an? Warst du die ganze Zeit in den Plan der Kinder involviert?"

Er nickt und bedeutet dem Kellner, unsere Gläser nochmal nachzufüllen.

Ich schüttle den Kopf. „Ich versteh das nicht, *ich* bin doch mit Jan in die Schule eingebrochen und alles, warum …?"

Theo unterbricht mich. „Bist du ganz sicher?"

Ich schaue ihn mit großen Augen an. „Was meinst du?"

Er fasst mich an der Schulter. „Na, ob du ganz sicher bist, dass du mit Jan in die Schule eingebrochen bist?"

Fassungslos starre ich ins Nichts.

Theo lacht. „Na ja, eingeloggt war schließlich ich. Ich war es ja auch, der suspendiert wurde."

Ich stammle: „Ja, aber, äh, aber … hä?"

Der Kellner stellt uns zwei volle Gläser hin. Theo erhebt seins zum Prosten. „Schrödi, du hast die Windkamp doch gehört: Das System macht keine Fehler."

Zeynep schaltet sich ein. „Theo, du hättest dem Lehrer-Comedian aber trotzdem nicht so hart eins auf die Nase geben müssen." Ich nicke zaghaft.

Theo schaut mir ins Gesicht und sagt: „Sorry, Leute, aber Lehrer und Comedy? Das passt einfach nicht zusammen!" Wir lachen und stoßen gemeinsam an.

Plötzlich vibriert meine Brusttasche. SMS von Jan. „Tolle Show, oder, Herr Schröder? Wir sehen uns am Montag im Unterricht. Ihr Legu-Jan."

Epilog

Wischen Sie nach links!

Der Karabiner quietscht in der Halterung.

„Drück dich mit dem Oberkörper so nah an die Wand, wie du kannst, Schrödi, dann sparst du Kraft!" Theo hockt oben an der Felskante und ruft Anweisungen zu mir herunter. Seine dickadrigen Waden sehen im Gegenlicht aus wie prall gefüllte Capri-Sonnen.

Vielleicht bin ich aber auch einfach nur dehydriert. Die von Sandstein und Magnesiumpulver geschwängerte Luft wird dünner. Ich stehe links mit drei Zehen auf einer glatten Felskante, kaum breiter als ein Reclamheft. Mein Herz wummert in den Ohren. Aasgeier kreisen über mir. Aus der Ferne höre ich Theos Stimme. „Komm, so hoch ist es nicht. Du musst jetzt den Klemmkeil wechseln."

Was man in diesen Ferien alles hätte anstellen können. Ich hätte meine Spanischkenntnisse aufpolieren können. Ich hätte mit Zeynep Blindbooking machen können. Ich hätte endlich mal diesen Kochkurs-Gutschein einlösen können, den ich von meinen Eltern zum Geburtstag geschenkt bekommen habe: „Umami & Papaya."

Stattdessen hänge ich hier wie so ein Weberknecht in der Felswand und lasse mir von einem ehemaligen Sportlehrer meine ohnehin schon eng gefassten körperlichen Grenzen aufzeigen. Bezüglich des Reiseziels fiel Theos Wahl auf ein pfälzisches Klettergebiet südlich des Luftkurorts Hauenstein. Dort seien Routen aller Couleur zu finden. Und Winzerstuben, so weit das Auge reicht. Einfach mal den Gang rausnehmen und dann im Leerlauf die Weinstraße runter. So Theos vollmundige Ankündigung.

Mein Fuß rutscht ab.

„Komm, du bist fast an der Zwischensicherung, jetzt heißt es beißen." Theo streckt seine Hand nach mir aus.

Mit letzter Kraft ziehe ich mich hoch. 84 Kilogramm Deutschlehrer wuchten sich auf das Plateau. Der Klett-Lektüre-Kletterer. Ich recke meine Faust nach oben und halte mir die angezerrte Schulter. „Ich hab's geschafft!"

Theo zeigt auf die GoPro auf seinem Kopf. „Sag's nicht mir, sag's den Leuten."

Verwirrt schaue ich in die Kameralinse und runzle die Stirn. „Ja, hey, Leute. Wie geht denn das, Theo? Bist du live auf Instagram oder was?"

Theo schüttelt den Kopf. „Nein, nein, ich schneid da später zu Hause was zusammen."

Ich nicke und schaue mich um. „Na ja, schön ist es hier oben, aber, mein Gott, können die nicht einen Sessellift oder so was bauen?" Vorsichtig schaue ich am Rand nach unten.

Theo drückt auf seinem Handy rum und lacht. „Schrödi, jetzt reiß dich mal zusammen, das sind hier grad mal acht Meter. Das Ding reiß ich dir auch ungesichert ab."

Ich drehe mich zur Kamera. „Bescheidenheit ist seine große Stärke. Mister Understatement schlechthin."

Ohne mich anzugucken, sagt Theo: „Schrödi, ich filme nicht mehr." Ich nicke und setze mich hin. Theo nimmt neben mir Platz. Der Wind pfeift durch die Baumwipfel.

Zögerlich frage ich: „Wie sieht es denn bei dir jetzt so aus ... also, beruflich? Läuft der Kanal gut? Kann man davon leben?"

Theo steckt sein Handy weg und schaut in die Ferne, wo purpurn und magentafarben die Abendsonne gerade hinter den Weinbergen verschwindet. „Schrödi, die Frage ist doch, kann man *emotional* davon leben? Füllt es mich aus? Und diese Frage kann ich allumfassend bejahen. Jeden Tag öffnen sich neue Türen für mich."

Wir sitzen schweigend nebeneinander und blinzeln in den Sonnenuntergang.

Theo legt seine Hand auf meine Schulter. „Ach ja, und kohlemäßig ist es auch der Hammer." Er steht auf, geht zu seinem Rucksack und kommt zurück mit zwei Flaschen Pils. Wir stoßen an. Blaue Stunde. Zwei Fledermäuse jagen sich um eine Baumkrone.

Ich nestle an dem Etikett meiner Bierflasche. „Theo, ab wie viel Followern läuft denn so was? Meinst du, ich hätte auch das Zeug dazu?"

Er nimmt einen tiefen Schluck Bier, wischt sich den Mund ab und fragt: „Wo stehst'n grad?"

Ich tue so, als müsste ich nachdenken, und sage: „Joa, so ungefähr 12.449."

Theo lacht. „12,5k? Häng noch mal 'ne Null dran."

Die Sonne ist am Horizont verschwunden. Ich trinke mein Bier aus und ziehe den Reißverschluss meiner Jacke hoch. Theo stupst mich in die Seite. „Aber du hattest doch grad erst diesen viralen Hit mit dem Sturzvideo. Das ging voll durch die Decke, vor allem, nachdem ich es geteilt hatte. Vielleicht wird daraus ja noch was."

Ich gucke nach oben. „Ja, mal sehen. Hast du eigentlich noch was von der Windkamp gehört?"

Er schüttelt den Kopf und trinkt sein Bier aus. In der Ferne bellt ein Hund.

„Langsam wird's frisch", sage ich und reibe meine Hände. Theo steht auf und packt die leeren Bierflaschen und die Kletterausrüstung in den Rucksack. Es ist jetzt fast dunkel. Versonnen blicke ich in den Abendhimmel. „Eigentlich ist es doch albern. Schau dir nur mal die ganzen Sterne an. Meinst du, von denen fragt sich auch nur *einer*, ob er heller leuchtet als alle anderen? Nein, das, was es so schön macht, ist, dass sie alle zusammen leuchten."

Ich entdecke den tief stehenden Vollmond.

„Guck mal, der Mond sieht aus wie ein riesiger goldener Chip. Welche Türen sich damit wohl öffnen ließen?"

Danksagung

Liebe Leserin, lieber Leser,

an *Instagrammatik* wirkten viele wunderbare Menschen und Freunde mit. Wir danken der Agentur hb management, besonders Heidrun Buchmaier und Hanne Müller, für die langjährige Verbundenheit über jede Krise hinweg.

Ein ausdrücklicher Dank geht an unsere Lektorin Astrid Herbold. Das hat riesige Freude gemacht, mit dir zu arbeiten! Von der ersten Idee bis zur letzten Korrektur warst du mit einem barmherzigen Rotstift dabei und hattest immer den Blick fürs große Ganze. Danke dafür!

Unser Dank geht auch an die Erstleserin Dorothee Suchomel für ihr genaues Hinsehen und die stets ehrliche Rückmeldung.

Danke auch an den Fotografen Robert Maschke, dass er bei Herrn Schröder optisch rettet, was noch zu retten ist. Ebenso danken wir unserem PR-Agenten Christoph Kalbitzer und der Agentur MISTRAL!marketing. Seit vielen

Jahren verbindet uns Vertrauen und die Freude an jedem weiteren Projekt.

All diese Menschen haben dazu beigetragen, dass *Instagrammatik* demnächst Schullektüre wird. Bleibt zu hoffen, dass die Schülerinnen und Schüler es uns verzeihen.

Simon Slomma
Johannes Schröder